I0712030

Mangiare Bene, Dimagrire e Conservare la Salute

Ricette personalizzate per la forma fisica, la salute,

le intolleranze alimentari ed il buonumore

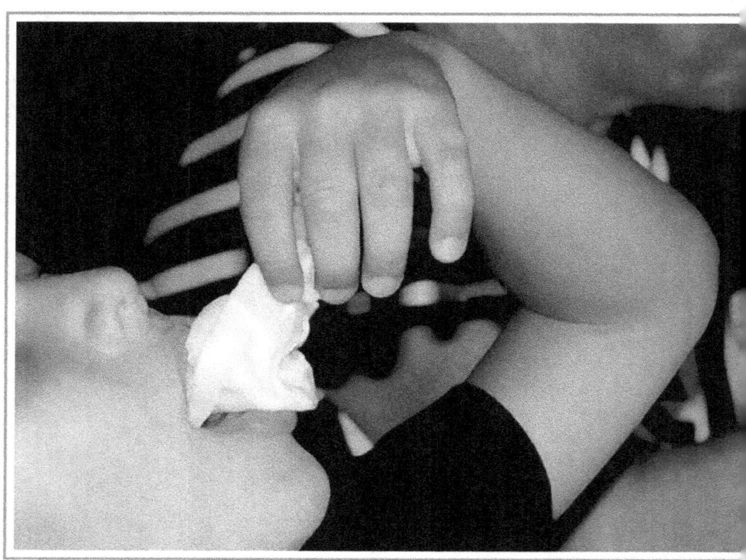

Enrique Leonard

Le Guide Pratiche

Prefazione dell'autore

Questo volume avrebbe voluto essere, nelle mie intenzioni di qualche tempo fa, una seconda edizione di *"Mangiare bene per dimagrire"*, edito nel 2016 e sufficientemente apprezzato da una larga schiera di *gourmet salutisti*. Il mio proposito era quello di aggiungere alcune piccole parti ed offrire nuove preparazioni culinarie, alla luce dei commenti ottenuti dai lettori.

Tuttavia mi sono lasciato "prendere la mano" ed ho effettuato aggiunte drastiche, che comprendono vari capitoli totalmente nuovi, discussioni tecniche, ricette e nuovi piani dietetici personalizzati. Ovviamente ho utilizzato ampiamente quanto già pubblicato, di fatto gradito dai precedenti lettori, ma i miglioramenti apportati sono tanti e tali da farne un'opera nuova. Pertanto il titolo è stato lievemente modificato, per render conto dei nuovi contenuti, e ne è venuta un'opera nuova.

Ovviamente chi già possiede il precedente titolo non avrà convenienza ad acquistare anche questo, ma sono certo che i nuovi lettori apprezzeranno la completezza degli argomenti trattati e la messa in pratica delle diete personalizzate, ancora facilitata. È anzi mia intenzione, nelle prossime edizioni, arricchire ulteriormente i contenuti ed aggiungere nuovi capitoli, sulla base delle vostre osservazioni. Per questo motivo vi invito ad offrire, anche attraverso i feedback, i vostri commenti, che ci permetteranno di rendere questi piani dietetici sempre più completi e facili da mettere in pratica, ringraziandovi anticipatamente per il vostro contributo.

Buona lettura!

Introduzione

"Brutti lardosi, siete orribili. Fatevi avanti e telefonate!", così recitava una nota venditrice nel corso della televendita che pubblicizzava una dieta fasulla... una delle tante! Questo dimostra quante passioni, quante pulsioni possano essere legate allo stato fisico, alla presenza di grasso in eccesso, tale da appesantire il corpo e persino la mente.

Per questo motivo abbiamo deciso di entrare in campo con una proposta alternativa, scientifica. Tuttavia, ci si potrebbe chiedere, è davvero utile un libro sulle diete? Facendo una rapida ricerca in internet si trova facilmente una messe di libri, programmi, pagine tematiche, proposte di vario tipo. Alcune sono serie ed interessanti. Altre appaiono immediatamente come puri imbrogli. Come districarsi in questa complessa materia? E, soprattutto, a chi credere, tra i tanti che propongono sistemi definitivi, risolutivi, rapidi ed indolori? Qualcuno propone diete massacranti assicurando che la buona medicina è sempre un po' amara. Altri –e questo pare essere il trend del momento–propongono "diete-non diete", assicurando che non sono necessari sacrifici per dimagrire, ma solo perseveranza e conoscenze adeguate. Impossibile resistere ad una simile offerta ma... Chi ha ragione? Probabilmente tutti, perché in pura teoria questi concetti sono validi entrambi, benché le loro realizzazioni pratiche divengano alquanto improbabili.

D'altra parte è la nostra un'epoca di promesse che non possono essere mantenute: i politici sono maestri in questo campo! Perché non dovrebbero approfittarne anche dei sedicenti nutrizionisti?

Passiamo allora al terzo punto fondamentale: giacché il mondo è strapieno di ciarlatani e che sono tantissime le proposte fasulle di diete infallibili, perché mai proprio questo libro dovrebbe contenere notizie corrette?

In realtà anche su questo punto sarebbe difficile offrire garanzie concrete. Possiamo solo suggerire di "provare per credere" rammentando, però, che chi scrive è un biologo con esperienza decennale in campo scientifico, per quanto questo possa valere. Si potrebbe affermare, dunque, che una persona in grado di modificare la fisiologia animale utilizzando diete ad hoc, dovrebbe essere in grado di interagire bene col corpo umano. Ma si tratterebbe ancora una volta di convinzioni opinabili. Pertanto, lo ripetiamo: l'unica prova certa è quella empirica, come sempre accade in campo scientifico.

Se troverete questo libro utile, vi preghiamo, parlatene bene coi vostri amici, perché questo sì, sarà un dato concreto da diffondere. Se troverete questo libro inutile o, peggio, dannoso, parlatene coi vostri amici, per lo stesso motivo! Insomma, non chiediamo di meglio che essere giudicati al vaglio dei risultati.

Vi chiediamo solo di essere sinceri ed obiettivi, proprio come proveremo a fare, da parte nostra, nel corso di questa trattazione.

I parte. Concetti di base

1. Cos'è una dieta?

Quando si parla di "diete" nei colloqui ordinari ci si riferisce solitamente a "sistemi per dimagrire" ma si dovrebbe tenere presente, invece, che il significato scientifico di questo termine è ben diverso. La dieta di un animale è rappresentata dai cibi di cui si nutre regolarmente, quelli che lo fanno... star bene. Dunque vogliamo allargare l'ottica per dare il giusto significato alle cose, considerando che una dieta può servire ad ingrassare, a dimagrire, a guarire da una disfunzione o migliorare il proprio umore.

Guarire da disfunzioni? Migliorare l'umore? Ma di cosa stiamo parlando? Forse ho sbagliato libro, scusate!

Eppure questo è il significato che dobbiamo dare al termine se vogliamo coglierne l'esatta valenza, utilizzandolo in maniera razionale. Può una serie di alimenti realmente curare delle disfunzioni o modificare l'umore di una persona?

A questo proposito dobbiamo fare un breve *excursus* storico per identificare le mode seguite dagli stessi scienziati. Sino a qualche decennio fa (stiamo parlando del periodo precedente agli anni '70) i biologi di tutto il mondo hanno coltivato il sogno di comprendere e simulare il funzionamento dei sistemi biologici semplicemente misurando come l'energia circola al loro interno. Se ogni specie è un "nodo" e tutte sono collegate da invisibili collegamenti trofici (in pratica... l'una mangia l'altra) allora possiamo dire che un ecosistema è una macchina in cui circola energia. Un quadro simile può essere disegnato per un qualsiasi animale od una pianta, se li si vede costituiti da singole cellule che interagiscono.

Col tempo, però, i ricercatori si sono resi conto che l'energia non può spiegare tutto, perché gli alimenti sono anche "informazione". Per spiegare questo concetto ci basti pensare al loro odore, che ci comunica con una certa precisione la qualità nutritiva ed organolettica degli stessi. Se annusate l'aroma di una bella bistecca alla brace il vostro cervello comprenderà immediatamente che si tratta di un alimento nutriente, con elevato contenuto proteico. Se annusate, al contrario, un pezzo di carne troppo frollato, comprenderete subito che potrebbe causare danni alla vostra salute. Le molecole volatili contenute nei cibi, dunque, sono vere e proprie "parole" che indicano al nostro cervello cosa è bene fare.

L'odore di una pizza appena sfornata è un chiaro richiamo per i nostri sensi, mentre quello di una mela marcia induce immediatamente repulsione, perché può danneggiare il nostro organismo.

Consideriamo anche che, soprattutto nei secoli precedenti, le medicine erano costituite da alimenti o principi alimentari di origine naturale e che ancora oggi molti farmaci derivano da composti naturali che l'uomo ingerisce sin dall'origine dei secoli. L'aglio crudo può fungere da anti-elmintico o da stabilizzatore della pressione ematica. La lattuga bollita aiuta a ridurre le irritazioni ed i gonfiori. Il caffè permette di rimanere svegli sino a tardi, mentre la camomilla ha un effetto calmante sui nervi. Si comprende bene che si tratta di vera medicina. Si consideri anche che la Pervinca (una pianta abbastanza comune) può avere un effetto anti-cancro, mentre cani e gatti ingeriscono alcune erbe quando soffrono di disturbi gastrici. Gli alimenti sono vere e proprie medicine, per noi come per qualsiasi animale, e questo concetto non deve stupire.

Ecco allora che il significato di "dieta" si completa e diviene più chiaro: mangiare per raggiungere un determinato stato fisiologico, oltre che per accumulare energia nel proprio corpo. Il cibo è energia ma anche (soprattutto?) informazione chimica.

È anche evidente che lo stile di vita moderno comporta alcune deviazioni dalla fisiologia dell'alimentazione. Rispetto ai nostri antenati (od agli animali in genere) noi riusciamo facilmente a procacciare del cibo, in modo relativamente economico. Ci stiamo riferendo ovviamente a popolazioni occidentali appartenenti alle nazioni "ricche" perché questo discorso non può in alcun modo riferirsi ai nostri conspecifici viventi nelle nazioni povere, ancora oggi disperatamente alla ricerca di cibo, sino a morire di inedia con modalità vergognosamente scandalose. Non è questa la sede per affrontare questo argomento, pur fondamentale per la nostra stessa specie: vi invitiamo ad approfondirlo mediante apposite letture e, se possibile, ad agire per contribuire a ridurre questo problema planetario, pur con un piccolo contributo. Noi qui ci riferiamo alle nostre società occidentali, in cui l'acquisto di un telefonino o di un gioco costa molte più energie (più lavoro) che l'acquisto della dose quotidiana di cibo. È un vantaggio del progresso industriale che speriamo di potere presto condividere con tutti gli individui della nostra specie.

2. Lo studio degli alimenti

Proprio questo "vantaggio" ha creato nella nostra società alcune disfunzioni... fisiologiche! Il nostro corpo oggi può avere tutto il cibo che desidera, ma il nostro cervello non ha avuto il tempo necessario per evolversi adattandosi alla nuova situazione ambientale. Per questo motivo spesso desideriamo il cibo, soprattutto quando non abbiamo altre pulsioni che distolgano la nostra attenzione.

Qual è il momento in cui cominciate a mettere in bocca del cibo in modo apparentemente spasmodico, pur non avendone assolutamente bisogno? Certo, dopo cena, quando siete di fronte alla televisione, senza nulla di serio cui pensare, nessun problema immediato da risolvere! Eppure il vostro stomaco era ancora pieno di cibo da digerire.

Ecco dunque un altro elemento importante per comprendere il problema: cibo e psiche sono strettamente legati e qualsiasi dieta influisce a doppio senso su questi elementi. Una dieta ipocalorica, alla lunga, rende tristi e depressi, mentre una dieta ricca di carboidrati e povera in grassi, pur dannosa da vari punti di vista, ci rende... allegri!

A questo punto i concetti introdotti poco sopra acquistano una certa consistenza, non vi pare? Abbiamo imparato che una dieta può influire sulla nostra salute, sullo stato fisico e mentale, sul metabolismo e sulla psiche. Quindi, una dieta è molto più che un "sistema rapido per dimagrire", anche se molto spesso, date le cattive abitudini alimentari diffuse nelle nostre società occidentali, lo scopo di una dieta (destinata a riportarci all'equilibrio fisiologico) è proprio quello di farci dimagrire, per evitare l'insorgenza di malattie e disfunzioni, oltre che per renderci più attraenti fisicamente (molto spesso si inizia una dieta nei mesi che precedono... l'acquisto di un costume da bagno).

A questo punto vi starete chiedendo se avete iniziato a leggere il libro giusto. L'avete acquistato con l'intenzione di eliminare i chili di troppo, accumulati dopo le vacanze o nel periodo natalizio, e vi trovate di fronte ad uno che disquisisce di informazione, energia e stati fisiologici. Non facciamola troppo lunga: riusciamo a dimagrire o no?

È proprio questo il punto... e l'elemento che dovrebbe distinguere questo metodo da tutti gli altri. Non vogliamo semplicemente dimagrire, ma raggiungere uno stato fisiologico ideale ed equilibrato, tale da conservarci in buona salute a lungo.

Avrete certo notato, ad esempio, che molte persone seguono varie diete nel corso della loro vita. Iniziano una nuova dieta quando non riescono più a convivere con il loro stesso profilo, dimagriscono rapidamente, conservano felici la loro nuova condizione di leggerezza per qualche mese, infine riprendono rapidamente i chili perduti e piombano nella depressione... sino alla prossima dieta. È questo che vi aspettate da questo libro? Evidentemente no!

3. Omeostasi, l'equilibrio fisiologico

Noi vogliamo adottare una dieta che ci riporti ad uno stato fisiologico di equilibrio e mantenerlo, indefinitamente, proprio come quelle persone che non hanno bisogno di una dieta per dimagrire. Vogliamo lasciare il nostro attuale stato "squilibrato" per raggiungere un corretto equilibrio fisiologico ed uno stato fisico ideale. Vogliamo dire addio alle disfunzioni fisiologiche che, dopo aver smesso di fumare, ci hanno fatto prendere peso ad un ritmo continuo e deprimente. È possibile? Probabilmente sì, con un pochino di impegno e le giuste conoscenze. Non possiamo promettere miracoli, è ovvio, ma certamente possiamo garantire che ci proveremo, insieme, con metodo scientifico.

Metodo scientifico? Questo poi lo promettono tutti! Anche quelli che ti fanno l'esame per le intolleranze alimentari facendo oscillare un pendolino! Sarà vero?

Chi scrive lavora proprio in una istituzione scientifica: questo dovrebbe offrire almeno la garanzia che... non useremo pendolini!

Come intendiamo procedere allora?

Per cominciare cercheremo di identificare lo stato fisiologico di partenza di ogni singolo lettore. Intendiamoci, per fare questa cosa seriamente occorrerebbero delle analisi mediche e di laboratorio, che conducano ad una rappresentazione precisa dello stato fisiologico. Non si tratta di strumenti che possano essere inseriti in un libro. Per questo motivo vogliamo avvertire subito di alcuni limiti di questa pubblicazione. Non serve per scopi medici né potrà mai sostituire il medico od il nutrizionista. Pertanto, se ritenete di avere delle disfunzioni gravi, che compromettono il vostro stato di salute pur in maniera minima, smettete di leggere e contattate subito uno specialista. Questo libro potrà servirvi solo se "state bene", ovvero, se non avete bisogno (anche in sua assenza) di recarvi da uno specialista o da un medico generico. Chiaro?

Questo punto è molto importante, prima di andare avanti, perché l'ultima cosa che vorremmo fare è ingenerare false speranze o influire negativamente su uno stato di salute compromesso. I regimi dietetici che intendiamo proporvi serviranno a farvi conservare lo stato di salute, migliorando il vostro aspetto ed il vostro umore, ma non potranno "curare" alcuna malattia o disfunzione che meriti l'attenzione di uno specialista.

4. Fissiamo gli obiettivi: il budget energetico

Torniamo al metodo. Dopo aver determinato con una certa precisione il vostro "carattere" fisiologico dovremo porci degli obiettivi. L'obiettivo della dieta potrebbe essere quello di riportarvi al vostro peso forma, o quello di farvi perdere alcuni chili per rendere meglio indossabile un costume da bagno, ma anche quello di guadagnare alcuni chili (nel caso di persone sovrappeso) o di alleviare in qualche modo uno stato di depressione latente, dovuto ad una vita monotona od una dieta errata.

Una volta identificato il vostro stato fisiologico (la deviazione dalla norma) e l'obiettivo da raggiungere, dovremo stabilire dei metodi da utilizzare. A questo scopo non solo definiremo delle diete, ma impareremo a cucinarle, attraverso ricette personalizzate. Le ricette saranno stilate in modo da dosare le giuste calorie, adeguandole alla quantità di energia consumata ogni giorno, ma conterranno anche ingredienti specifici, adeguati per coadiuvare il raggiungimento di uno stato fisiologico ideale. Il tutto, ovviamente, dovrà essere commisurato, come suddetto, alla quantità di moto prodotto quotidianamente, perché tutta l'energia ingerita dovrà essere consumata mediante varie attività per mantenere l'equilibrio.

Per spiegare meglio questo concetto dovremo rifarci ad un concetto che è stato sviluppato dai biologi negli anni passati, basandosi su leggi fisiche: l'equazione di budget energetico. Questa stessa ha varie forme. Tuttavia può essere rappresentata come segue:

$$I = P + R + G + F + U$$

Adesso stiamo diventando troppo complessi. Che significano tutte quelle lettere? Il concetto, una volta chiarito, è addirittura banale, anche se non molto spesso ce ne rendiamo conto. L'equazione indica che tutta l'energia ingerita con il cibo (I) deve equivalere a quella parte di energia che è accumulata nel corpo (P) più quella parte che viene consumata ogni giorno con le attività fisiche, ovvero respirando (R), più quella parte che viene consumata per la riproduzione (G), sommata all'energia che è ancora contenuta nelle feci (F) e quella presente negli escreti (U).

Ragioniamo sulla formula ora che l'abbiamo compresa. Potremmo per grosse linee affermare che G ed U sono due termini difficilmente modulabili, se non con mezzi medici. Per questo non ce ne occuperemo. F invece è un fattore sul quale possiamo lavorare. La quantità di energia presente nelle feci dipende in gran parte dalla qualità degli alimenti. Pertanto, possiamo prediligere degli alimenti che non vengano digeriti completamente, in modo da ridurre la quantità di energia che conserviamo nel nostro organismo (P). Ad esempio, utilizzando vegetali con grande prevalenza di fibre cellulosiche, possiamo ingerire di più eliminando gran parte di quanto mangiamo, perché la cellulosa è quasi completamente indigeribile per noi (ad esclusione di piccolissime quantità scisse nell'intestino grazie all'attività di batteri cellulolotici). Pertanto, mangiare insalata e carciofi può servire a perdere peso. Questo è ovvio.

I fattori dell'equazione sui quali più dovremmo lavorare, però, sono I ed R. Il primo indica la quantità (e qualità) di alimenti ingeriti. Più mangiamo, più guadagniamo peso… inutile girarci intorn! Il secondo è rappresentato dalla respirazione, ovvero, dalla quantità di energia che perdiamo sotto forma di calore e movimento. Insomma, più ci muoviamo più perdiamo energia. In definitiva, la conservazione di un peso ideale è dipendente da quanto sappiamo equilibrare i processi di ingestione (I) con quelli di attività fisica (R), mentre F può aiutarci, in base alla qualità della dieta, a modulare questo equilibrio.

Il tutto dovrebbe essere abbastanza chiaro, anzi, ovvio. Per questo non dovremmo dare la caccia a diete speciali, segrete, basate su processi magici e mirabili. Una buona dieta è semplicemente qualcosa che ci permette di dominare la formula di budget energetico sopra riportata. Questa prima conclusione è molto importante, perché la consapevolezza di tale "ovvietà" ci permetterà di evitare gli inganni di molti venditori di fumo.

Alcune diete si basano sull'assunzione sbilanciata di vari principi alimentari, in modo che questi non possano essere facilmente assimilati. Esse sono a nostro parere da evitare. Il nostro organismo si è evoluto con lo scopo di ottimizzare l'uso degli alimenti. Quando questo uso non è idealmente ottimizzato si cade in condizioni di malattia. Pertanto l'adozione di diete sbilanciate può facilmente condurre a condizioni di malattia.

Altre diete producono una riduzione dei liquidi corporei: la perdita di peso è rappresentata in realtà da una perdita d'acqua ed il peso iniziale viene ripristinato rapidamente.

Non prenderemo neppure in considerazione, naturalmente, quelle diete che propongono l'uso di medicamenti miracolosi. In alcuni casi queste "pillole" producono una riduzione dell'appetito mediante sistemi a dir poco ridicoli. Ad esempio alcuni programmi televisivi propongono l'assunzione di farine compresse (es. farina di Guarr). Il loro effetto, una volta giunte nello stomaco, è quello di produrre una enorme massa gelatinosa che, per ovvii motivi, toglie ogni forma di appetito. Un effetto collaterale di un uso prolungato di questi prodotti è la gastrite. Un altro effetto collaterale è rappresentato dal cancro allo stomaco.

Esistono poi le diete basate sul movimento dei pianeti, quelle che producono fantasie sull'uso disgiunto di alcuni alimenti, ecc. Torniamo coi piedi sulla terra!

Esaminando l'equazione di budget chiunque potrà facilmente comprendere che esistono due sistemi fondamentali per ridurre il peso corporeo e le masse adipose in generale: ridurre il fattore "I", oppure accrescere il fattore "R", eventualmente modulando il fattore "F". Tutto il resto è pura fantasia.

In altre parole, per ridurre il peso corporeo è necessario ridurre la quantità di calorie ingerite, oppure accrescere la quantità di calorie consumate, eventualmente dosando la qualità degli alimenti ingeriti. Vi pare troppo banale? Ebbene sì, la realtà appare talvolta banale, ma non per questo cadremo nella tentazione di vendere favole, in questa trattazione.

Una dieta dimagrante, in definitiva, dovrà prevedere un fattore I inferiore a quello R. Una dieta ricostituente vedrà un'inversione di queste proporzioni. Una dieta di contenimento potrà basarsi su fattori I ed R comparabili.

Questo non significa che il nostro lavoro sia inutile... tutt'altro! Agendo sulla qualità degli alimenti, sul loro aspetto e sulla giusta composizione dei pasti, si riuscirà a dimagrire senza soffrire. In pratica, il lavoro del dietologo è quello di garantire dei pasti bilanciati, tali da essere salutari garantendo un giusto equilibrio fisiologico, avendo cura di proporre soluzioni gustose, tali da saziare l'appetito (in base al suddetto fattore F) senza produrre squilibri. Come vedete non è facile... tutt'altro. Tuttavia si riesce a farlo, avendo la giusta sensibilità e qualche conoscenza di biologia e fisiologia.

È questo l'approccio che seguiremo in questo libro.

5. A chi è diretto il libro

D'altra parte non vogliamo ingenerare false speranze, né produrre problemi di sorta ai nostri lettori, per cui chiariamo bene, sin d'ora, cosa potrete attendervi da questo libro. Se avete problemi gravi, siete obesi o sottopeso o comunque sperimentate disfunzioni evidenti, non pensate di poter risolvere tutto con la lettura di un libro. Avete bisogno di visitare al più presto il vostro medico di fiducia, il quale potrà suggerirvi un incontro con un dietologo, un fisiologo, un nutrizionista od un altro professionista adeguato al caso. Se la vostra dieta deve risolvere problemi fisiologici definiti, come un eccesso di colesterolo, un inizio di diabete,

disfunzioni epatiche o gastriche, di certo avete bisogno di un bravo nutrizionista, non di un libro.

Se invece avete semplicemente voglia di raggiungere un migliore equilibrio fisiologico, perdendo eventualmente qualche chilo od acquistandone qualcuno per raggiungere il vostro peso-forma, allora leggete le pagine che seguono e, molto probabilmente, riuscirete a raggiungere i vostri obiettivi serenamente, conservando un ottimo stato di salute.

Diffidate in ogni caso delle diete del tipo "sette chili in sette giorni". Producono squilibri che vi faranno perdere chili di… salute, per poi riprendere peso rapidamente nelle settimane successive. Inutile fare sacrifici e rovinarsi la salute per ottenere risultati tanto limitati nel tempo. Non vi pare? Utilizzando i suggerimenti contenuti in questo volume e seguendo uno stile di vita salutare, riuscirete non solo a raggiungere il vostro peso ideale, ma anche a conservarlo stabilmente nel tempo. Questo, effettivamente, potrà tenervi lontani da medici e nutrizionisti perché, semplicemente… non ne avrete bisogno! Ma se siete già caduti in uno stato fisiologico squilibrato, tale da richiedere l'intervento di un professionista, non perdete altro tempo prezioso, perché nessun libro "miracoloso" né alcuna dieta favolosa comprata *on-line* potrà sostituire l'opera dei professionisti del settore.

6. Il nostro piano di lavoro

Torniamo allora al nostro piano di lavoro e vediamo come dovremo comportarci. Come abbiamo anticipato, dovremo inizialmente calcolare il valore del nostro peso ideale, confrontarlo con il peso reale e trarne le dovute conseguenze. In base a queste potremo decidere il da farsi (es. procedere con una dieta personalizzata, oppure rivolgerci al nutrizionista per risolvere un grave problema di massa corporea).

Dovremo poi compilare un piccolo questionario, utile per definire qual è il nostro "tipo" alimentare. Spesso le disfunzioni dietetiche derivano da cattive abitudini alimentari contratte nell'infanzia, o da una tendenza fisiologica ad ingerire alcuni alimenti. Il questionario metterà in luce queste tendenze, permettendoci di disegnare una dieta appropriata alle nostre esigenze… quasi personalizzata.

A questo punto sarebbe opportuno effettuare delle analisi cliniche tese a determinare il nostro stato fisiologico ma, come suddetto, questo aspetto esula dai possibili scopi di un libro. Pertanto, se avete dubbi sul vostro stato di salute (lo ripeteremo sino alla noia!) rivolgetevi semplicemente ad un medico.

Supponendo invece che le vostre analisi siano state effettuate e che indichino uno stato di piena salute, possiamo passare alla terza fase, ovvero, la definizione di un regime dietetico adeguato al vostro peso ed al vostro "tipo". Questo potrà comportare la rinuncia ad alcuni cibi tra quelli ai quali proprio non sapete resistere, od almeno la loro riduzione. Tuttavia ne vale la pena e, col tempo, impareremo a gioire di queste piccole rinunce, anche grazie ad un rinnovato stato di benessere fisico.

Le diete saranno costituite da una serie di possibili ricette, che potrete scegliere giorno per giorno e preparare con cura. La preparazione stessa dovrebbe offrirvi gioia e soddisfazione, perché una cucina ben curata è certo parte della nostra vita e questo sì è il segreto di una dieta seria ed efficace.

Per coloro che non desiderano seguire il programma completo e per i più frettolosi abbiamo anche prodotto, al termine del libro, una raccolta di piccole diete generaliste, che potranno aiutare a perdere qualche chilo, ma è ovvio che non ci si potrà attendere risultati degni di nota, utilizzando una dieta generica. Le diete suggerite dalla vicina di casa e quelle copiate da internet non riusciranno a farvi riguadagnare la linea a lungo e potranno invece rappresentare un sacrificio poco produttivo. Ma se per ora non avete voglia di cimentarvi in un lavoro serio, preferendo rimandare la definizione della vostra dieta al futuro, non possiamo che aiutarvi in questo modo.

Le stesse ricette "generiche" potranno essere utilizzate al termine del periodo di dieta intensiva, quando passerete ad una dieta di mantenimento, che vi permetterà di conservare buone abitudini alimentari per un tempo indefinito, mantenendo alto il livello di buonumore e lo stato di benessere fisiologico.

Questo è quanto possiamo promettere con questo testo ma, se desiderate di più, potrete ancora rivolgervi ad uno dei tanti ammaliatori televisivi od a quelli presenti in rete, che sapranno certo… promettere di più!

7. Gli elementi della dieta: principi alimentari

Gli alimenti che ingeriamo possono essere analizzati in base ai principi alimentari che contengono: i fondamentali sono carboidrati, grassi, proteine, con l'aggiunta di alcune sostanze importanti per la nostra fisiologia, come sali minerali, acqua, vitamine e fibre. Ogni cibo, di fatto, contiene percentuali diverse dei suddetti principi e delle sostanze accessorie. La carne ad esempio contiene soprattutto proteine, ma anche una quantità discreta di grassi e poi piccole quantità di carboidrati, sali minerali, vitamine, ecc. Le uova contengono tante proteine, ma anche grassi, carboidrati, sali minerali ed acqua. La frutta è una fonte ideale di vitamine, ma contiene anche tanti zuccheri, sali minerali, ecc. I vegetali sono spesso eccellenti fonti di fibre, ma contengono anche zuccheri, talvolta grassi e piccole quantità di proteine. Insomma, ogni alimento è caratterizzato da una miscela di principi alimentari ed è compito del dietologo e del nutrizionista assortirli in modo da garantire un giusto apporto di tutto quanto il nostro organismo abbisogna, cercando di ridurre la quantità di quei composti che abbiamo accumulato in eccesso. Guai, però, ad eliminarli del tutto, perché questo creerebbe squilibri fisiologici.

Ad esempio si potrebbe pensare ad una dieta priva di vitamine. La loro lenta deplezione nel nostro corpo ci condurrebbe ad uno stato di prostrazione che, alla lunga, porta al dimagrimento. Ma si tratterebbe di una condizione patologica.

Di pari, potremmo smettere di ingerire alcuni amminoacidi essenziali (servono per la costruzione delle proteine) o alcuni acidi grassi essenziali (contenuti negli olii e nei grassi animali e vegetali), ma questo comporterebbe la comparsa di vere e proprie malattie. Consideriamo, ad esempio, che molti ormoni sono basati sul metabolismo degli acidi grassi e che una carenza ormonale conduce a squilibri gravissimi. Senza contare che al termine della dieta, appena ingerite piccole quantità dei principi alimentari carenti nella dieta, riprenderemmo molto rapidamente peso. Una dieta di questo tipo, insomma, conduce ad uno stato patologico e la guarigione corrisponde al ritorno al peso iniziale. Non è certo un obiettivo desiderabile: ammalarsi dimagrendo o guarire e riprendere peso!

Alcune persone, però, tendono ad ingerire soprattutto alcuni principi alimentari a dispetto di altri. Questa tendenza ha due lati negativi. Innanzitutto comporta un eccessivo accumulo di alcuni nutrienti, spesso sotto forma di sostanze di riserva (grassi). Inoltre, una dieta squilibrata di questo tipo può condurre comunque a stati prossimi alla patologia. Pertanto tra breve cercheremo di comprendere se il lettore ha una tendenza particolare verso alcuni alimenti e definiremo la dieta appropriata in base a considerazioni tese ad equilibrare una fisiologia che abbia subito impatti a causa di una dieta errata.

Esistono varie abitudini alimentari nel mondo e spesso si tende a prediligere la presenza di alcuni principi alimentari. Uno dei vantaggi della cosiddetta "dieta mediterranea" è la presenza in ogni pasto di tutti i principi alimentari dosati in modo sapiente e completo. Le pietanze utilizzate come "primo piatto" infatti forniscono un generoso apporto di carboidrati in una forma ben digeribile e relativamente sana. I "secondi" forniscono soprattutto un apporto proteico, contenendo tessuti muscolari (pesce, carne, ecc.). I contorni forniscono fibre e sali minerali. La frutta contiene tutte le vitamine di cui abbiamo bisogno. Insomma, ogni pasto fornisce al nostro corpo un set completo di nutrienti in modo vario e salutare e l'uso di grassi "sani", come l'olio di oliva, garantisce un perfetto bilancio fisiologico. La dieta mediterranea sarà dunque il nostro punto di partenza. Lavoreremo sui "primi", sui "secondi" e sui "contorni" per favorire un lento ma costante miglioramento del nostro stato fisiologico: i chili persi non saranno ripresi rapidamente mentre le nostre abitudini alimentari diverranno virtuose.

Non abbiamo considerato, in questa trattazione, le esigenze di diete speciali, come quelle vegetariane e vegane. Molto si potrebbe dire in proposito e non escludiamo, in futuro, di produrre altre proposte destinate ai vegetariani. Per ora considereremo solo i regimi dietetici bilanciati, derivanti dalle nostre naturali attitudini onnivore, pur senza dare alcun giudizio di merito alle diete di tipo diverso, comunque rispettabili.

II parte. Cominciamo il lavoro

1. Il peso ideale

Nella tabella che segue troverete il vostro peso ideale. Esistono vari modi per definire questo parametro e vari autori hanno proposto indici diversi, alcuni dei quali sono molto precisi e prendono in considerazione l'età, la statura, la corporatura, il genere, ecc. D'altra parte non possiamo sottoporvi qui a calcoli troppo complessi per cui ci accontenteremo di un parametro di media precisione, più che sufficiente per i nostri scopi. Allora, individuate il dato di altezza più vicino a quello che vi caratterizza (es., se siete alti 1 metro e 71 cm sceglierete la riga 1.72). A destra, in corrispondenza del vostro genere maschile o femminile, troverete i limiti per il vostro peso ideale. Per seguire l'esempio precedente se sceglierete la riga corrispondente all'altezza di 1.72 e siete di sesso maschile, troverete che il peso ideale è compreso tra 63 e 70 kg. Nel caso del sesso femminile, per la stessa altezza il peso ideale di una persona alta 1.72 cm è compreso tra 59 e 66 kg. Ora conosciamo il nostro obiettivo.

Nel caso il vostro peso sia superiore dovrete fare un rapido calcolo. Prendete il valore di massima (es. per un uomo di 1.72, 70 kg) e sottraetelo dal vostro peso. Il valore che otterrete è Delta, ovvero, la quantità di massa corporea che dovrete assolutamente eliminare. Ad esempio, supponiamo che il vostro peso reale sia pari a 85 kg. Dovrete effettuare questo semplice calcolo:

85 (peso reale) – 70 (peso massimo ideale) = 15 (Delta)

Annotate il vostro valore Delta. Vi servirà nelle prossime pagine per identificare la vostra dieta personalizzata.

Se invece il vostro peso è di gran lunga più basso dei due valori limite (63-70) ovvero, più basso del limite inferiore, allora è evidente che dovrete intraprendere una dieta ricostituente. In questo caso il vostro delta si calcola sottraendo dal vostro peso il limite inferiore. Otterrete un valore negativo. Supponiamo, ad esempio, che siate alti 1.73 m e che il vostro peso sia di soli 60 kg. Il vostro Delta è pari a:

60 (vostro peso reale) – 63 (peso minimo ideale) = - 3

(Delta)

Ovviamente, quando vi verrà richiesto di introdurre il vostro Delta in una tabella di calcolo, dovrete inserirlo così com'è, con il segno positivo o negativo che lo contraddistingue.

In pratica Delta rappresenta il numero di chili da perdere (valore positivo) o da assumere (valore negativo) con la nostra dieta. Quindi un valore Delta di 5 indicherà che dobbiamo lavorare per perdere 5 chili allo scopo di rientrare nel nostro *range* di peso ideale. Ovviamente potremo leggermente eccedere questo valore, se vogliamo riportarci al centro del nostro peso ideale, ma non dovremmo esagerare, ponendoci limiti troppo ambiziosi. La dieta di mantenimento, peraltro, potrà servire a perdere altro peso, più lentamente, stabilizzando i risultati ottenuti.

Tabella 1: calcolo del peso ideale approssimativo

Peso ideale (compreso tra valori in kg)		
Altezza	uomini	donne
1,2	31 - 39	29 - 35
1,22	32 - 40	30 - 36
1,24	33 - 41	31 - 37
1,26	34 - 42	32 - 38
1,28	35 - 43	33 - 39
1,3	36 - 44	34 - 40
1,32	38 - 46	35 - 41
1,34	39 - 47	36 - 42
1,36	40 - 48	37 - 43
1,38	41 - 49	38 - 44
1,4	42 - 50	39 - 45
1,42	44 - 52	41 - 47
1,44	45 - 53	42 - 48
1,46	46 - 54	43 - 49
1,48	47 - 55	44 - 50
1,5	49 - 57	45 - 51

Peso ideale (compreso tra valori in kg)		
1,52	50 - 58	47 - 53
1,54	51 - 59	48 - 54
1,56	53 - 61	49 - 55
1,58	54 - 62	50 - 56
1,6	56 - 64	52 - 58
1,62	57 - 65	53 - 59
1,64	58 - 66	54 - 60
1,66	60 - 68	56 - 62
1,68	61 - 69	57 - 63
1,7	63 - 71	59 - 65
1,72	64 - 72	60 - 66
1,74	66 - 74	61 - 67
1,76	67 - 75	63 - 69
1,78	69 - 77	64 - 70
1,8	71 - 79	66 - 72
1,82	72 - 80	67 - 73
1,84	74 - 82	69 - 75
1,86	75 - 83	70 - 76
1,88	77 - 85	72 - 78

Peso ideale (compreso tra valori in kg)		
1,9	79 - 87	73 - 79
1,92	80 - 88	75 - 81
1,94	82 - 90	77 - 83
1,96	84 - 92	78 - 84
1,98	86 - 94	80 - 86
2	87 - 95	81 - 87

2. Che "tipo" sei?

Ora che abbiamo definito il nostro obiettivo di lavoro, sulla base del valore Delta, cerchiamo di comprendere quale regime dietetico sia più adeguato alle nostre esigenze ed alla nostra particolare attitudine fisiologica. Per farlo, rispondete sinceramente alle domande che seguono, ed annotate il numero di lettere C, G, D, R ed E che via via otterrete. Procediamo!

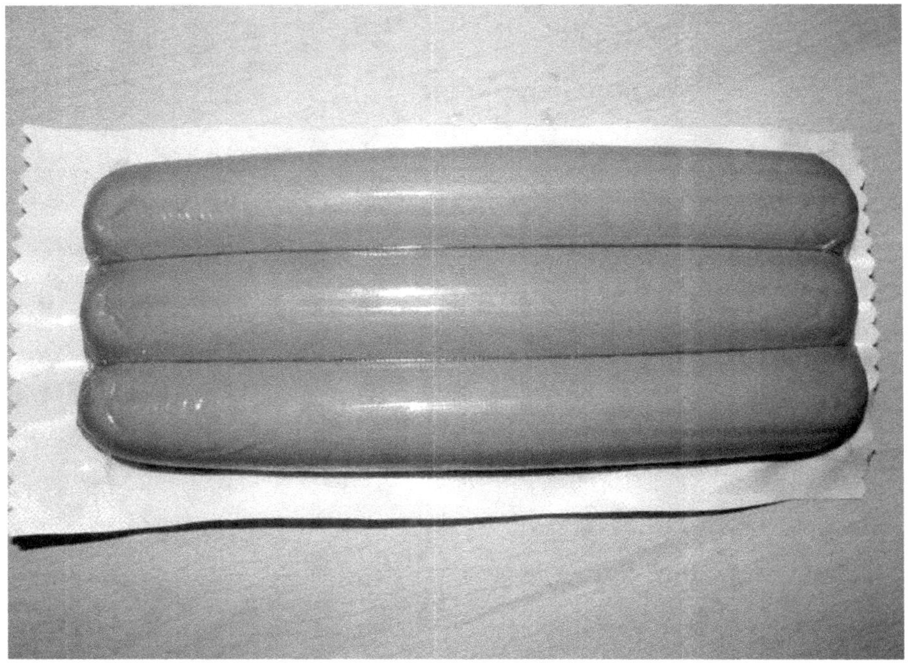

1. Hai davanti una fetta di pancetta ed una torta di cioccolato. A quale proprio non riesci a resistere?

Pancetta	G
Torta al cioccolato	C
Entrambe mi fanno gola	D
Entrambe mi danno la nausea	R
Le mangerei entrambe ma poi mi pentirei di averlo fatto	E

2. In alcune ore del giorno sento il bisogno irresistibile di:

Mangiare una fetta di pane	C
Mangiare salumi e formaggi	G
Mangiare qualsiasi cosa in modo voluttuoso	D
Bere acqua pura	R
Dormire	E

3. Il mio dolce preferito è:

Torta di mele	G
Mi basta una fetta di pane	C
Qualsiasi cosa purché sia dolce	D
Non riesco proprio a mangiare i	R
Qualsiasi cosa contenga	E

4. Cosa rende veramente appetitosa un'insalata di riso o un panino?

Maionese	G
Ketch-up	C

Ketch-up e maionese	D
Il riso ed il pane stessi	R
Un buon aroma, un olio	E

5. La sera prima di andare a letto:

Non faccio nulla: vado a letto	G
Ceno rapidamente, poi guardo	D
Mangio dolci o bevo alcolici	C
Bevo una tisana	E
Mangerei dolci e gelati	R

6. Tra i miei piatti preferiti ricordo:

Parmigiana di melanzane, pane e burro, torte alla vaniglia	C
Salame, wurstel, cetrioli,	G
Ogni tipo di carne	D
Pasta e fagioli	E
Limonata, the, insalate	R

7. Gli alimenti che preferisco meno sono:

Pesci e frutti di mare	D
Limone	G
Carni in genere	C
Quelli poco colorati	E
Quasi tutti, ad esclusione di alcuni vegetali	R

8. Quanto tempo dedichi ogni giorno all'attività fisica?

Zero, ma lavoro molto	D
1 ora, ma non amo le attività	G
2 ore, soprattutto passeggiate	C
3 ore, principalmente ballo e attività creative	E
Varie ma mi sento sempre più	R

Il mio Delta è il seguente: ....

<table>
<tr><td>NOTE DEL LETTORE</td></tr>
<tr><td>

</td></tr>
</table>

3. Calcolo della dieta personalizzata

Se tra le lettere delle risposte prevalgono le C ed il Delta è compreso tra 0 e 8, dovrete seguire la dieta C per due mesi, seguita da una dieta di mantenimento.

Se tra le lettere delle risposte prevalgono le G ed il Delta è compreso tra 0 ed 8, dovrete seguire la dieta G per tre mesi, seguita da una dieta di mantenimento.

Se tra le lettere prevalgono le D, le C o le G ed il Delta è superiore ad 8, allora dovrete seguire la dieta D per tre mesi, seguita da una dieta G per due mesi e poi da una dieta di mantenimento.

Se tra le lettere prevalgono le E o le R ed il Delta è inferiore a 0, allora la vostra dieta ideale è la R sino al raggiungimento del peso forma.

Se tra le lettere prevalgono le E ed il Delta è superiore a 0, allora iniziate con una dieta E, poi verificate qual è la prevalenza successiva (escludendo le E) e dopo 3 mesi iniziate la dieta corrispondente.

Se invece avete delle esigenze specifiche (es. dieta per ridurre l'effetto di allergie ed intolleranze, oppure diete per migliorare lo stato d'umore, o ancora diete per sportivi, ecc., allora andate spediti ai relativi capitoli del libro.

4. La mia dieta personalizzata

Attenzione. La dieta inizia dalla spesa. Fondamentale è che in frigorifero non vi siano ingredienti diversi da quelli sotto riportati. Eliminate dalla dispensa anche biscotti, gelati, dolci, succhi e tutto quello che non è riportato nella dieta. Togliete dalla borsa e dalle tasche caramelle ed altri dolciumi. Anche un singolo strappo a questa regola annulla del tutto gli effetti della dieta seguita. Inutile continuare se non si è in grado di rispettare questa semplice regola.

Di seguito riportiamo vari piani dietetici, adeguati per varie esigenze fisiologiche, così come abbiamo cercato di determinarle in base al questionario. I dati calorici relativi ad ogni pasto sono stati calcolati considerando un livello di esercizio fisico "medio" (attorno alle 2000 calorie per giorno), per cui molto dipenderà da quanto riuscite a "consumare". Di questo comunque parleremo più approfonditamente in seguito. Per ora, dunque, secondo i risultati del questionario, andate al vostro piano dietetico personalizzato e cominciate subito la dieta più adeguata alle vostre esigenze.

Alcuni consigli pratici (oltre quelli riportati in testa a questa pagina). Iniziate la dieta, se possibile, in un momento sereno della vostra vita. Lo stress rende tutto più difficile e cambiare abitudini alimentari in un momento di stress potrebbe essere controproducente. Di certo non conviene iniziare la dieta prima delle feste natalizie o di quelle pasquali: sarebbe un inutile sacrificio. Al contrario, arrivare al periodo festivo avendo già ridotto il proprio peso, permetterà di godere delle festività con pochissime rinunce, grazie alla dieta di mantenimento.

Non ci faremo tentare neppure dall'impulso opposto però, tendendo a rimandare di giorno in giorno sino al momento propizio. Se avete eseguito il test da dieci giorni e non avete ancora iniziato la dieta è segno che siete in ritardo: iniziate subito!

Peraltro i timori iniziali spariranno rapidamente, quando scoprirete che la dieta, tutto sommato, non costituisce una gran sofferenza, ma solo un riordino delle proprie abitudini alimentari. Dopo pochi giorni ci si abituerà alla nuova dieta riuscendo a seguirla senza apparenti rinunce.

Eppure qualche piccola rinuncia sarà indispensabile. Ad esempio, eviteremo gelati, eccessi di grassi e di carboidrati, dolci e tutti gli altri alimenti assenti nel piano dietetico. Teniamo presente un concetto essenziale e troppo spesso dimenticato: un singolo strappo rispetto a quanto contenuto nella dieta rappresenta un passo indietro di settimane! Potrà apparire incredibile, ma la fettina di salame mangiata (quasi di nascosto) in una sera di tristezza eliminerà i benefici accumulati in una settimana intera di dieta. Questo perché il nostro corpo, che nel periodo di dieta intensa sta facendo qualche sforzo per sciogliere una parte delle riserve energetiche e consumarle (operazione che il corpo animale fa sempre con una certa... riluttanza!) accetta rapidamente le nuove fonti energetiche e muta lo stato fisiologico all'istante. Insomma, non conviene concedersi neppure un singolo "sgarro" nel periodo principale di dieta, perché questo rende inutili, addirittura stupidi, i piccoli sacrifici fatti nei giorni precedenti ed in quelli immediatamente successivi. In questo caso, tanto meglio rinunciare alla dieta

Bevete tanto! L'acqua verrà comunque eliminata, anche se subito dopo aver bevuto la bilancia indicherà un peso maggiore. Vogliamo ottenere risultati seri e duraturi, non illuderci di essere dimagriti! Esattamente il contrario vale per le bevande alcoliche (ed in parte per quelle zuccherate): sono assolutamente vietate. O meglio, potete ingerirle, ma allora non iniziate una dieta. Sarebbe come gettare acqua sul fuoco! Piuttosto faremo ricorso ad un buon the aromatizzato: se l'abitudine è quella di consumare the molto zuccherato potrà apparire imbevibile, all'inizio. Dopo pochi giorni diverrà buono esattamente come quello zuccherato. Scopriremo così che molti dei nostri problemi derivano unicamente da errate abitudini che si sono consolidate nel corso degli anni.

Lo stesso vale per quel frammento di croccante pelle di pollo ("in fondo, un frammento così piccolo... cosa potrà mai fare?"), per il rustico al lardo ("solo stasera: è un giorno speciale... poi domani ricomincio la dieta!"), per la merendina alle mele ("le istruzioni dicono che ha un basso contenuto di grassi...") e così via. Un singolo evento di questo tipo elimina tutti i vantaggi della dieta. Questo non accade perché la dieta è basata sulla carenza di alcuni principi alimentari od alcuni elementi (sarebbe insano) ma perché semplicemente quel materiale ingerito produce una inversione del processo fisiologico che era iniziato. Per questo motivo, dovremo attendere molto tempo prima di tornare nella fase giusta, perché l'organismo che era entrato in una fase di consumo di energie ora sarà molto restio a tornarci. E tutto solo per quel piccolo frammento di cibo non compreso nella dieta.

Pertanto suggeriamo vivamente di seguire il vostro regime dietetico con totale serietà oppure, se proprio non riuscite, di non iniziare neppure, perché si tratterebbe di uno sforzo inutile, stressante ed improduttivo.

E poi uscite, cercate svaghi anche nella musica, nel teatro e nelle buone amicizie: questo aiuterà tantissimo ad accettare i piccoli sacrifici quotidiani, specialmente quando gli amici ci guarderanno ammirati per esclamare: "oh, che fisico: stai magnificamente!".

Nei prossimi capitoli prenderemo in considerazione le diete personalizzate. Identificate la vostra in base ai risultati del test, andando alle pagine relative (cliccate in alto a sinistra sull'icona dell'indice per raggiungere rapidamente il capitolo di vostro interesse).

4.1 Cronobiologia

Questo aspetto delle diete è spesso sottovalutato dalla maggior parte degli utenti, eppure si tratta di una questione di vitale importanza. Dal punto di vista strettamente "termodinamico", in qualsiasi momento del giorno voi assumiate dei carboidrati o delle proteine state influenzando in positivo il vostro carico di sostanze di riserva. Questo è un fatto. Eppure, difficile da interpretare ma abbastanza facile da dimostrare, i nutrienti assunti in vari momenti della giornata hanno un effetto diverso sul nostro organismo. Questo accade perché la maggior parte della gente (ovviamente vi sono variazioni individuali che andrebbero tenute in conto) ha un metabolismo basale che si intensifica nelle prime ore del mattino e va scemando durante la giornata, per arrivare ai livelli più bassi nelle ore serali e notturni. Il nostro corpo, in qualche modo, "sa" che di mattino avrà bisogno di energia per iniziare la giornata attiva, mentre di sera si predispone al riposo, quando il corpo utilizzerà molto meno energia. Per questo motivo, assumere carboidrati nelle prime ore del giorno è più sano che assumerli di sera, quando essi sarebbero quasi interamente conservati e trasformati in sostanze di riserva.

È un effetto che potrete facilmente misurare usando una bilancia per tracciare il vostro peso nel corso di una settimana. Se spostate gran parte dei carboidrati nelle ore mattutine osserverete molto probabilmente una riduzione di peso, a parità di cibi ingeriti.

Ovviamente vi sarebbero altri aspetti importanti da considerare. Ad esempio, molte persone, specialmente quando l'età avanza, digeriscono con difficoltà un pasto molto proteico se praticato nelle ore serali. Insomma, se prima di andare a letto mangiate una bistecca fiorentina è probabile che poi facciate… brutti sogni! Quindi si tratta di trovare il giusto compromesso tra salute, fisiologia e qualità della dieta.

Senza eccedere ed estremizzare, suggeriamo di limitare i carboidrati nelle ore serali, evitando ad esempio dolci, cioccolato, zuccheri e miele. Anche la frutta molto zuccherina dovrebbe essere consumata soprattutto di mattina, ma una mela dopo la cena, molto spesso, aiuta a dormire e fa bene. Anche il classico bicchiere di latte caldo e miele, che alcune persone assumono per facilitare il sonno, dovrebbe essere evitato per limitare l'eccessivo accumulo di grassi addominali. Tuttavia, se proprio non riuscite a dormire, concedetevi pure mezzo bicchiere dell'intruglio magico e tornate a letto!

Insomma la cronobiologia ci indica possibili percorsi virtuosi che aiutano a valorizzare le diete, ma non ci impone alimenti in modo stretto e vincolante. Cercate semplicemente di ricordare che i carboidrati della giornata vanno distribuiti nelle ore più vicine al mattino, mentre nei pasti successivi dovreste prediligere le proteine. I grassi, com'è ovvio, sono da considerarsi sempre poco utili, benché una minima quantità giornaliera è fondamentale per la nostra fisiologia. Dunque non elimineremo né olio di oliva né altri tipi di grassi "buoni" ma cercheremo nell'intero arco della giornata di limitarne l'uso.

Noterete infatti che basta davvero un cucchiaino di un buon olio extravergine per condire un piatto d'insalata. Perchè allora abbondare con grassi di scarsa qualità? Acquistate una bottiglia di olio extra-premium ed utilizzatela in minime quantità per tutti gli usi a crudo. Risparmierete comunque (anche se costa cinque volte in più di un pessimo olio vegetale) e migliorerete il gusto delle pietanze.

In definitiva rammentate sempre: prima di ingurgitare una qualsiasi fonte di zuccheri nelle ore serali pensiamoci tre volte. La mattina, solo due volte! I risultati non tarderanno a premiarvi. Basterà seguire l'andamento sulla bilancia.

Prima di iniziare e per i frettolosi

5. Le diete alternative

A molti di voi le ricette presentate nei programmi dietetici che seguono potranno apparire complesse o addirittura impossibili da seguire. In base ai feedback ottenuti dalla prima edizione di questo volume, appare che alcuni trovano difficile procedere alla preparazione di un pollo al curry se devono seguire una giornata di lavoro intenso o badare ai nipotini di ritorno dalla scuola. Altri non riescono a reperire tutti gli ingredienti proposti o, semplicemente, si sentono ancora troppo depressi per mettersi ai fornelli! Senza dubbio i risultati ottenuti con i vari piani dietetici potranno donarvi soddisfazione, voglia di proseguire e maggiore coraggio, ma come ci comportiamo se proprio non riusciamo ad iniziare?

Noi suggeriamo vivamente di seguire i regimi dietetici proposti, ove possibile, per una serie di motivi importanti. Innanzitutto la preparazione di una buona ricetta rappresenta il primo momento costruttivo della dieta, anche dal punto di vista psicologico. L'uso sapiente delle spezie e degli aromi aiuta a sopperire alla riduzione di materia grassa e di zuccheri semplici. Infine, le ricette proposte sono state studiate in dettaglio, in modo scientifico, per garantire perfetta corrispondenza coi piani dietetici evitando piccoli errori che potrebbero compromettere i risultati, almeno nel breve periodo. Utilizzando i programmi proposti e seguendo un opportuno piano di allenamento fisico, come verrà più avanti meglio definito, riuscirete ad ottenere riduzioni di peso sino a circa 7 kg per mese.

Tuttavia ci rendiamo conto che in alcuni casi la preparazione accurata delle ricette proposte può richiedere un certo impegno. Dunque, se veramente non riuscite a seguire i piani dietetici dettagliati (cosa che, insistiamo, è vero obiettivo di questo programma alimentare), pesando con cura ogni singolo componente in modo da ottemperare alle richieste della vostra dieta personalizzata, potrete utilizzare una strategia alternativa, che non garantisce gli stessi risultati, ma potrà consentirvi comunque di migliorare, lentamente. Il vantaggio, in questo caso, è che non dovrete seguire ricette né pesare gli ingredienti, ma semplicemente "navigare a vista" per raggiungere pian pianino gli obiettivi del vostro piano personale.

Annotate i principali ingredienti che compaiono nel vostro piano dietetico consigliato, incluse le quantità medie suggerite. Ad esempio, noterete che in alcune diete la quantità di olio d'oliva consigliata non supera mai un cucchiaino per pasto. Voi lo userete nelle stesse quantità.

Preparate poi delle ricette semplici, secondo i vostri gusti e le vostre abitudini alimentari, usando quegli stessi ingredienti riportati nei piani della sezione 3, in modo da assecondare le vostre personali esigenze di tempo ed i vostri impegni.

Ora usate questo semplice stratagemma: prendete un piatto piano di grandezza media (non un piattino da caffè, ma neppure uno da pizza!) e poneteci sopra le vostre preparazioni, in modo che le quantità corrispondano allo spazio a disposizione. Dunque non dovrete "morire di fame" ma neppure produrre una improbabile montagna di cibo da ingerire. Un normale piatto piano riempito in maniera ordinata con gli alimenti selezionati.

Consumerete un piatto di questo tipo a pranzo ed uno a cena. Potrete consumare a parte solo la frutta ed, ovviamente, l'acqua da bere. Anche il pane e tutto quanto dovrete consumare nel corso del pasto dovrà trovare posto nello stesso piatto, prima di iniziare (e non cercate di barare, mettendo la fetta di pane in verticale!). La mattina consumerete solo un bicchiere di spremuta d'arancia senza zucchero od una tazza di the con mezzo cucchiaino di fruttosio, oltre ad una fetta di pane tostato o uno yogurt magro (a meno che non sia "vietato" dal vostro piano dietetico personale) e, più tardi nella mattinata, un caffè con poco zucchero.

Questo significa che durante il resto della giornata vi asterrete dal portare alla bocca qualsiasi alimento ad esclusione di acqua di fonte, the o tisane prive di zucchero, eventualmente spremute di agrumi.

Seguendo questo semplice suggerimento che chiameremo la dieta "di un piatto", ed utilizzando solo ingredienti "consentiti" (ovvero quelli che compaiono naturalmente nel vostro piano dietetico secondo i risultati del test inizialmente effettuato, riuscirete comunque a dimagrire, se questo era il vostro obiettivo.

Se invece l'obiettivo era quello di seguire una dieta ricostituente, oppure una dieta per migliorare l'umore o per risolvere problemi allergici o di intolleranza, allora vi consigliamo vivamente, ancora una volta, di leggere e preparare le ricette proposte nei relativi capitoli.

Passeremo quindi, nei prossimi capitoli ai regimi dietetici personalizzati e cerchiamo di applicarli se possibile. Nei giorni in cui ciò non sarà possibile, eventualmente, faremo uso della dieta "di un piatto".

6. Tipo C

6.1 Dieta a basso contenuto in carboidrati

Seguire la dieta "C" è semplice. Si considerano 3 pasti principali al giorno. Gli "spuntini" sono sostituiti da bevande calde o fredde (vedi "tisane") che potranno anche servire a "curare" piccole disfunzioni prodotte dal cambiato regime dietetico. La rotazione degli alimenti "P" ed "S" deve essere fatta a piacere ma in modo che tutti gli alimenti vengano consumati ogni 15 giorni almeno una volta. Insomma, non si può scegliere ogni giorno lo stesso P1 o ogni giorno lo stesso S1, ecc. Si cambia ogni giorno in modo da usarli tutti.

Inoltre, le associazioni con i giorni della settimana sono assolutamente casuali, per cui è possibile spostare in avanti o all'indietro la sequenza senza problemi. L'importante è che poi, nei giorni successivi, si segua il regime dietetico com'è riportato. Per spiegarci meglio, potrete chiamare il lunedì "domenica" in modo che il giorno con il sostituto del pasto diventi il sabato, perché in quel giorno ci fa più comodo. Potremo così adattare la dieta anche alle nostre esigenze di tempo. Dunque, spostate pure l'inizio della dieta (quello che noi chiamiamo lunedì) con un giorno qualsiasi della settimana, ma poi continuate con i giorni successivi come riportato, senza modificare la sequenza. Questo perché nella sequenza è contenuta una giusta alternanza di categorie alimentari diverse.

Infine, a proposito dei sostituti del pasto, sono stati inseriti per facilitare la preparazione in giorni della settimana in cui si rimane al lavoro o, per altri motivi, non si abbia il tempo di cucinare. Nel caso in cui non piacciano, si potrà sostituirli con un qualsiasi alimento S, da non accoppiare ad altre pietanze, per quel giorno.

NOTE DEL LETTORE

Pane. 80 g di pane per giorno, suddiviso in due porzioni a pranzo e a cena (40 g per pasto)

Mattina: ogni mattina uno yogurt magro (es. a Zero grassi), bianco o con frutta, possibilmente contenente probiotici.

Pranzo:

- Lunedì. Un alimento Pc a scelta (a rotazione). Un alimento Sc a scelta (a rotazione). Un alimento C a rotazione. Frutta.
- Martedì. Un alimento Sc a scelta (a rotazione). Un alimento C a rotazione. Frutta.
- Mercoledì. Un alimento Pc a scelta (a rotazione). Un alimento Sc a scelta (a rotazione). Un alimento C a rotazione. Frutta.
- Giovedì. Un alimento Sc a scelta (a rotazione). Un alimento C a rotazione. Frutta.
- Venerdì. Sostituto del pasto (es. barrette Formula 1 Herbalife o Kilocal: si trovano in farmacia). Un frutto.
- Sabato. Un alimento Sc a scelta (a rotazione). Un alimento C a rotazione. Frutta.
- Domenica. Un alimento Pc a scelta (a rotazione). Un alimento Sc a scelta (a rotazione). Un alimento C a rotazione. Frutta.

Cena:

- Lunedì. Un alimento Sc a scelta. Un alimento C a scelta. Frutta.
- Martedì. Un alimento T a scelta. Frutta.
- Mercoledì. Un alimento Sc a scelta. Un alimento C a scelta. Frutta.
- Giovedì. Un alimento T a scelta. Frutta.
- Venerdì. Un alimento Sc a scelta. Un alimento C a scelta. Frutta.
- Sabato. Un alimento T a scelta. Frutta.
- Domenica. Un alimento C a scelta. Frutta.

Spuntini (tisane)

È concesso uno spuntino al giorno, consumabile in qualsiasi ora del giorno o della notte. Esso è costituito da una tazza di tisana (vedere sezione tisane in seguito) ed una fetta biscottata oppure un frutto. Un aumento di queste quantità è fortemente sconsigliato.

NOTE DEL LETTORE

7. Tipo G

7.1 Dieta a basso contenuto in grassi

Anche seguire questa dieta ipolipidica è semplice. Per renderla ancora più gradevole, abbiamo accresciuto il numero di variabili: in questo caso potrete contare su ben 20 varianti per i piatti di tipo P ed S. Come sempre, si considerano 3 pasti principali al giorno. Gli "spuntini" sono sostituiti da bevande calde o fredde (vedi "tisane"). In questo caso consigliamo le tisane ti tipo "G", anche se le tisane di tipo "C" non sono vietate. Anzi, sono consigliate nel caso in cui soffriate di disturbi intestinali o gastrici. La rotazione degli alimenti "P" ed "S" deve essere fatta a piacere ma in modo che tutti gli alimenti vengano consumati ogni 20 giorni almeno una volta. Insomma, non si può scegliere ogni giorno lo stesso P1 o ogni giorno lo stesso S1, ecc. Si cambia ogni giorno in modo da usarli tutti.

Inoltre, le associazioni con i giorni della settimana non sono volute, per cui è possibile spostare in avanti o all'indietro la sequenza senza problemi. L'importante è che poi, nei giorni successivi, si segua il regime dietetico com'è riportato. Per spiegarci meglio, potrete chiamare il lunedì "domenica" in modo che il giorno con il sostituto del pasto diventi il sabato, perché in quel giorno ci fa più comodo. Potremo così adattare la dieta anche alle nostre esigenze di tempo. Dunque, spostate pure l'inizio della dieta (quello che noi chiamiamo lunedì) con un giorno qualsiasi della settimana, ma poi continuate con i giorni successivi come riportato, senza modificare la sequenza. Questo perché nella sequenza è contenuta una giusta alternanza di categorie alimentari diverse.

Infine, a proposito dei sostituti del pasto, sono stati inseriti per facilitare la preparazione in giorni della settimana in cui si rimane al lavoro o, per altri motivi, non si abbia il tempo di cucinare. Nel caso in cui non piacciano, si potrà sostituirli con un qualsiasi alimento S. Al contrario, se li si preferisce, potranno sostituire ancora un pasto intero in un altro giorno della settimana, a scelta (secondo le esigenze di lavoro e familiari), contribuendo a contenere l'apporto calorico medio.

Pane. 100 g di pane per giorno, suddiviso in due porzioni a pranzo e a cena (50 g per pasto)

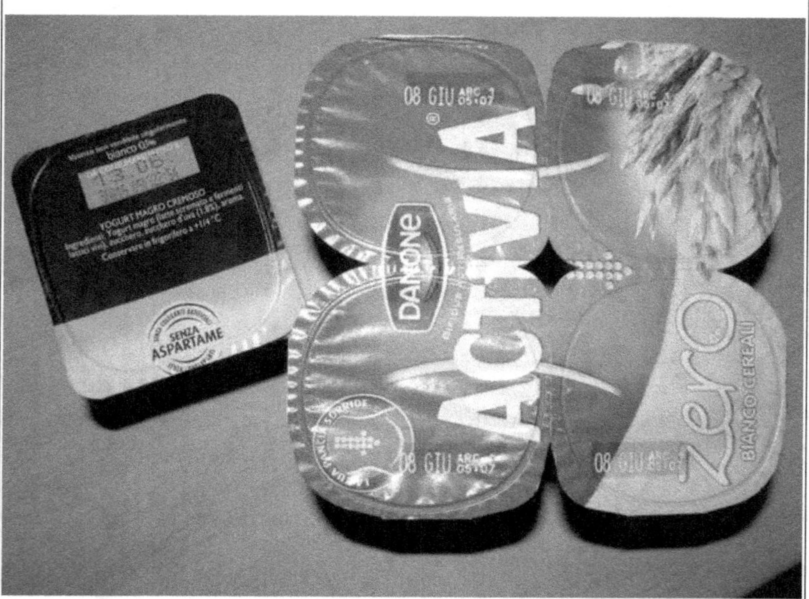

Mattina: ogni mattina uno yogurt magro alla frutta, oppure una tazza di latte bianco o con aggiunta di caffè ed una fetta biscottata.

Pranzo:

- Lunedì. Un alimento Pg a scelta (a rotazione). Un alimento C a rotazione. Frutta.
- Martedì. Un alimento Sg a scelta (a rotazione). Un alimento C a rotazione. Frutta.

- Mercoledì. Un alimento Pg a scelta (a rotazione). Un alimento C a rotazione. Frutta.
- Giovedì. Un alimento Sg a scelta (a rotazione). Un alimento C a rotazione. Frutta.
- Venerdì. Sostituto del pasto (es. barrette Formula 1 Herbalife o Kilocal: si trovano in farmacia). Un frutto.
- Sabato. Un alimento Pg a scelta (a rotazione). Un alimento C a rotazione. Frutta.
- Domenica. Un alimento Pg a scelta (a rotazione). Un alimento Sg a scelta (a rotazione). Un alimento C a rotazione. Frutta.

Cena:

- Lunedì. Un alimento Sc a scelta. Un alimento C a scelta. Frutta.
- Martedì. Un alimento T a scelta. Frutta.
- Mercoledì. Un alimento Sc a scelta. Un alimento C a scelta. Frutta.
- Giovedì. Un alimento T a scelta. Frutta.
- Venerdì. Un alimento T a scelta. Frutta.
- Sabato. Un alimento T a scelta. Frutta.
- Domenica. Un alimento C a scelta. Frutta.

Spuntini (tisane)

È concesso uno spuntino al giorno, consumabile in qualsiasi ora del giorno o della notte. Esso è costituito da una tazza di tisana (vedere sezione tisane in seguito) ed una o due fette biscottate, oppure un frutto. Un aumento di queste quantità è fortemente sconsigliato.

8. Tipo D: dieta dimagrante

8.1 Dieta a basso contenuto in grassi e carboidrati

Questa dieta è leggermente più impegnativa delle precedenti, ma se siete giunti a questa sezione è segno che il vostro problema va affrontato con molta decisione. Suggeriamo di effettuarla come segue:
- 1 mese di dieta dimagrante, come segue tra breve
- 1 mese di dieta di tipo G (come sopra)
- 1 mese di dieta tipo C (come sopra)
- 1 mese di dieta dimagrante
- Si continua con la dieta di mantenimento, se il peso è rientrato nei limiti di quello ideale. In caso contrario, si ricomincia con il primo esercizio.
Come sempre, si considerano 3 pasti principali al giorno. Gli "spuntini" sono sostituiti da bevande calde o fredde (vedi "tisane"). La rotazione degli alimenti "P" ed "S" deve essere fatta a piacere ma in modo che tutti gli alimenti vengano consumati ogni 15-20 giorni almeno una volta. Insomma, non si può scegliere ogni giorno lo stesso P1 o ogni giorno lo stesso S1, ecc. Si cambia ogni giorno in modo da usarli tutti.
Inoltre, le associazioni con i giorni della settimana non sono volute, per cui è possibile spostare in avanti o all'indietro la sequenza senza problemi. L'importante è che poi, nei giorni successivi, si segua il regime dietetico com'è riportato. Per spiegarci meglio, potrete chiamare il lunedì "domenica" in modo che il giorno con il sostituto del pasto diventi il sabato, perché in quel giorno ci fa più comodo. Potremo così adattare la dieta anche alle nostre esigenze di tempo. Dunque, spostate pure l'inizio della dieta (quello che noi chiamiamo lunedì) con un giorno qualsiasi della settimana, ma poi continuate con i giorni successivi come riportato, senza modificare la sequenza. Questo

perché nella sequenza è contenuta una giusta alternanza di categorie alimentari diverse.

Infine, a proposito dei sostituti del pasto, sono stati inseriti per facilitare la preparazione in giorni della settimana in cui si rimane al lavoro o, per altri motivi, non si abbia il tempo di cucinare. Nel caso in cui non piacciano, si potrà sostituirli con un qualsiasi alimento S. Al contrario, se li si preferisce, potranno sostituire ancora un pasto intero in un altro giorno della settimana, a scelta (secondo le esigenze di lavoro e familiari), contribuendo a contenere l'apporto calorico medio.

Pane. 80 g di pane per giorno, suddiviso in due porzioni a pranzo e a cena (40 g per pasto)

Mattina: ogni mattina un frutto a scelta, tra quelli citati nella sezione ricette, ed una tazza di caffè poco zuccherato, oppure una tazza di the verde senza zucchero.

Pranzo:

- Lunedì. Un alimento Sg a scelta (a rotazione). Un alimento C a rotazione. Frutta.
- Martedì. Un alimento Sg a scelta (a rotazione). Un alimento C a rotazione. Frutta.
- Mercoledì. Sostituto del pasto (es. barrette Formula 1 Herbalife o Kilocal: si trovano in farmacia). Un frutto.
- Giovedì. Un alimento Sg a scelta (a rotazione). Un alimento C a rotazione. Frutta.
- Venerdì. Sostituto del pasto (es. barrette Formula 1 Herbalife o Kilocal: si trovano in farmacia). Un frutto.
- Sabato. Un alimento Pc a scelta (a rotazione). Un alimento C a rotazione. Frutta.
- Domenica. Un alimento Pc a scelta (a rotazione). Un alimento Sg a scelta (a rotazione). Un alimento C a rotazione. Frutta.

Cena:

- Lunedì. Un alimento Sg a scelta. Un alimento C a scelta. Frutta.

- Martedì. Un alimento T a scelta. Frutta.
- Mercoledì. Un alimento Sg a scelta. Un alimento C a scelta. Frutta.
- Giovedì. Un alimento T a scelta. Frutta.
- Venerdì. Un alimento Sg a scelta. Un alimento C a scelta.
- Sabato. Un alimento T a scelta. Frutta.
- Domenica. Un alimento C a scelta. Frutta.

Spuntini (tisane)

È concesso uno spuntino al giorno, consumabile in qualsiasi ora del giorno o della notte. Esso è costituito da una tazza di tisana (vedere sezione tisane in seguito) ed un frutto. Un aumento di queste quantità è fortemente sconsigliato.

9. Tipo R: dieta ricostituente

9.1 Dieta bilanciata

Questa dieta è abbastanza semplice da seguire, perché non comporta sacrifici di alcun tipo. Se siete giunti a questo punto è segno che il vostro peso forma è più elevato di quello reale ed è necessario quindi prendere alcuni provvedimenti. Questo non significa che dovremo mangiare chili di pancetta tutti i giorni: riprendere il peso forma non può significare, in alcun caso, rinunciare ad alcuni salutari principi dietetici. Però dobbiamo lavorarci seriamente.

Per questo motivo seguiremo il regime dietetico che segue, tenendo presente che qualsiasi altra cosa il nostro organismo desideri durante il giorni potrà essere accettato. Dunque quella che segue è la dieta di base, ma potremo incrementarla a nostro piacimento o, meglio, secondo il nostro appetito.

Lo stesso vale per le dosi: potranno essere incrementate nel caso in cui si abbia un appetito maggiore. Ovviamente nel corso della dieta verificheremo spesso il nostro peso, per accertarci che non stia aumentando troppo velocemente.

Come sempre, si considerano 3 pasti principali al giorno. Gli "spuntini" sono costituiti da biscotti, frutta o qualsiasi altra cosa il nostro organismo desideri, eventualmente accompagnati da tisane rinfrescanti. La rotazione degli alimenti "P" ed "S" deve essere fatta a piacere ma in modo che tutti gli alimenti vengano consumati ogni 15-20 giorni almeno una volta. Insomma, converrà scegliere ogni giorno un diverso P ed un diverso S, ecc. Si cambia ogni giorno in modo da usarli tutti. Questo perché nella sequenza è contenuta una giusta alternanza di categorie alimentari diverse.

Suggeriamo anche di abbondare con la frutta ed i vegetali, perché sono una fonte eccellente di vitamine e sali minerali. Si potrà prendere in considerazione anche l'assunzione quotidiana, a pranzo, di un prodotto multivitaminico e di una compressa di lievito di birra.

Pane. 200 g di pane per giorno, suddiviso in due porzioni a pranzo e a cena (100 g per pasto)

Mattina: ogni mattina un frutto a scelta, tra quelli citati nella sezione ricette, ed un bicchiere di succo di frutta multivitamine. Poco dopo potremo assumere un bicchiere di latte corretto con cioccolata o caffè, oppure uno yogurt intero, bianco o alla frutta, preferibilmente contenente probiotici, per accompagnare la colazione principale, costituita da dolci (es. torte, cornetto, ecc.) o pasti salati (panini, affettati, formaggio, secondo i gusti).

Pranzo:

Ogni giorno un alimento Pg a scelta, un alimento Sc a scelta, un C ed uno o più frutti considerando anche quelli delle categorie "vietate" (es. i kiwi, che contengono grandi quantità di vitamina C.

Cena: Ogni giorno un alimento Pg a scelta, un alimento Sc a scelta, un C ed uno o più frutti.

Spuntini (tisane)

Nell'arco della giornata potremo considerare degli spuntini, secondo il livello di appetito, utilizzando qualsiasi alimento gradito oppure uno dei piatti T.

10. Tipo E: dieta rivitalizzante

10.1 La dieta del buonumore

Come abbiamo avuto occasione di rimarcare, gli alimenti che ingeriamo influiscono su numerose funzioni fisiologiche, incluso l'umore. Questo non deve meravigliare, dal momento che il nostro umore dipende da numerose funzioni chimiche e fisiche, inclusa la funzionalità del nostro intestino. Pertanto volendo agire sull'umore e tentare di migliorare stati ansiosi o di depressione, può essere utile ricorrere ad alimenti adeguati. Tra gli alimenti che possono influire positivamente sul nostro umore ricordiamo innanzitutto: Vegetali fermentati (ad esempio, cetriolini sottaceto), crauti, pesce fresco (salmone, aringhe, ecc), uova, avocado, zucca, melanzane, olio d'oliva, olio di cocco, mostarda, oltre ad aromi come curcuma, rafano e aglio.

Introducendo questo libro abbiamo parlato dell'equazione di budget energetico, che poi ci ha accompagnato nel corso delle varie diete. Sappiamo che dal punto di vista calorico, se vogliamo dimagrire è necessario ingerire meno calorie di quelle che consumiamo ogni giorno. Tuttavia dovremmo considerare che il cibo non è solo energia. Esso può contenere "informazione" e quando tale "messaggio" è diretto al nostro organismo l'alimento diviene medicina naturale. Tutti sappiamo che le arance contengono vitamina C, utile per rafforzare le difese organiche, mentre l'aglio crudo può avere degli effetti anti-elmintici. Lo stesso vale per molti altri alimenti, che producono definiti risultati nel nostro organismo. Potremmo chiederci, dunque, se in questi tempi di depressione diffusa, possano esistere degli alimenti che riportano energia e buonumore nel nostro corpo. Impossibile?

Tutt'altro! Da tempo gli scienziati hanno definito delle sostanze che possono influire positivamente sul nostro umore e sull'attitudine a pensare positivamente. Calcio, cromo, acido folico, ferro, magnesio, vitamine B6 e B12, zinco ed i famosi acidi grassi Omega-3 possono influenzare positivamente il nostro umore, evitando che i cattivi pensieri invadano la nostra mente nelle ore serali. Ognuna di queste sostanze (si tratta di un gruppo molto diversificato di elementi, vitamine, macromolecole, ecc.) svolge infatti precise funzioni nel nostro organismo. Ad esempio il cromo, che aiuta a metabolizzare altri alimenti, fa salire i livelli di serotonina e melatonina nel nostro organismo e può essere dunque utile nei trattamenti anti-depressivi. Potremmo dunque ingerirlo in pillole, come suggerito da alcuni esperti, ma senza dubbio è più sano assumerlo per via naturale, ingerendo alimenti che lo contengono, come broccoli, uva, patate e petto di tacchino.

Un discorso simile potrebbe essere fatto per altri alimenti, che aumentano la quantità di ferro in circolazione (livelli bassi provocano affaticamento e depressione), contengono Omega-3 (la cui carenza induce stanchezza, pessimo umore, cali di memoria e depressione) e così via.

Ovviamente non serve soffermarci qui sui singoli elementi o composti che aiutano a risollevarci dagli stati depressivi. Passeremo subito, invece, alla descrizione della dieta anti-depressiva, che dovrebbe produrre già dopo la prima settimana una piacevole sensazione di benessere fisico e interiore. In pratica, potremo ridurre un pochino il peso e, contemporaneamente, assumere composti anti-depressivi.

Vogliamo qui rammentare che l'esercizio fisico, oltre a produrre vantaggi in termini di dimagrimento, aiuta tantissimo a mantenere alto l'umore. Qualsiasi tipo di attività fisica sortisce questo positivo effetto, dalla corsa al nuoto. Ovviamente quelle attività che ci mettono in contatto con gli altri, permettendoci di intraprendere rapporti sociali, sarebbero da preferirsi in questo senso.

Suggeriamo infine di prendere seriamente in considerazione l'uso delle tisane, che coadiuveranno gli alimenti in questa positiva azione antidepressiva e di assumere regolarmente all'ora di pranzo un prodotto multi-vitaminico, a meno che non vi siano motivi medici per non farlo. Passiamo dunque alla dieta. Essa è basata su ricette di tipo "E", sia per quanto riguarda le pietanze, sia per gli altri alimenti. Per questo motivo abbiamo raccolto le ricette relative nel capitolo che precede quelle utilizzabili in tutte le diete, costituite dai piatti C e T (senza ulteriore definizione).

Ecco allora come dovremo seguire questa dieta.

Mattino

Appena svegli, un the verde senza zucchero ed una pastiglia di lievito di birra. Dopo la doccia, uno yogurt magro, possibilmente contenente probiotici (es. zero grassi). Un caffè ed un biscotto alla frutta. In alternativa, una fetta di pane fresco (meglio se caldo) spalmato con miele o con Nutella, ed un bicchiere di latte scremato.

Pranzo

- Lunedì. Un alimento Pe a scelta (a rotazione). Un alimento Ce a rotazione. Frutta.
- Martedì. Un alimento Se a scelta (a rotazione). Un alimento Ce a rotazione. Frutta.
- Mercoledì. Un alimento Pe a scelta (a rotazione). Un alimento Ce a rotazione. Frutta.
- Giovedì. Un alimento Se a scelta (a rotazione). Un alimento Ce a rotazione. Frutta.
- Venerdì. Un alimento Te a scelta.
- Sabato. Un alimento Pe a scelta (a rotazione). Un alimento Ce a rotazione. Frutta.
- Domenica. Un alimento Pe a scelta (a rotazione). Un alimento Se a scelta (a rotazione). Un alimento Ce a rotazione. Frutta.

Cena

- Lunedì. Un alimento Se a scelta. Un alimento Ce a scelta. Frutta.
- Martedì. Un alimento Te a scelta. Frutta.
- Mercoledì. Un alimento Se a scelta. Un alimento Ce a scelta. Frutta.
- Giovedì. Un alimento Te a scelta. Frutta.
- Venerdì. Un alimento Te a scelta. Frutta.
- Sabato. Un alimento Te a scelta. Frutta.
- Domenica. Un alimento Ce a scelta. Frutta.

Spuntini (tisane)

È concesso uno spuntino al giorno, consumabile in qualsiasi ora del giorno o della notte. Esso è costituito da una tazza di tisana (vedere sezione tisane antistress e rivitalizzanti, in seguito) ed un frutto, oppure un dolce alla ricotta (es. cannoli, pastiera, ecc).

Pane. 120 g di pane bianco per giorno, diviso in 2 dosi da 60 g a pranzo ed a cena.

Frutta. La frutta costituisce una parte integrante di questa dieta. Meglio ancora sostituire un primo od un secondo

con un ricco piatto di frutti gialli e rossi, che apportano numerosi principi alimentari utili per combattere depressione e malumore.

II. La dieta dello sportivo

Un capitolo a parte andrebbe dedicato alla dieta degli sportivi. Queste sono persone per le quali il fattore "!R" della nostra equazione è molto elevato perché consumano numerose calorie nel corso dei loro esercizi quotidiani. Qual è il problema allora? Anche gli sportivi hanno il loro "tallone di Achille", che spesso è parte dello stesso sistema di vita.

Si tenga presente che proprio gli sportivi tendono ad ingerire discrete quantità di energia, facendo affidamento sul loro metabolismo veloce e sulle attività quotidiane. Pertanto, molto spesso, anche il fattore "I" della nostra equazione diviene molto elevato, annullando parzialmente o totalmente i benefici di un fattore R molto grande. Il tutto si mantiene generalmente in equilibrio per vari anni…. poi la fisiologia del nostro corpo cambia, i processi catabolici cominciano a superare quelli anatolici e… l'ago della bilancia si sposta in avanti.

Inoltre, essi tendono a praticare diete con elevate quantità di proteine, che in generale permettono di accrescere la massa muscolare eliminando quasi del tutto gli strati grassi. Tuttavia, nel corso della vita la fisiologia cambia. Nei giovanissimi una dieta ricca di proteine si traduce in un rapido accrescimento della massa muscolare. Poi il metabolismo rallenta e si stenta a credere che, nonostante una dieta regolare ed esercizio continuo, gli strati di grasso comincino ad aumentare. Come si affronta questa situazione?

Agli sportivi consigliamo una dieta di tipo C, poiché anche un eccesso di carboidrati si traduce nel tempo nella produzione di grassi. L'esercizio fisico permetterà invece di consumare i grassi in eccesso, per ricostruire quelle energie che non introduciamo nel corpo coi carboidrati. Come risultato, si comincerà a dimagrire, rimettendo in equilibrio la composizione dei tessuti corporei.

Suggeriamo anche di non esagerare con le fonti proteiche (escludete quelle assurde diete che comprendono 12 uova al giorno per accumulare proteine!) perché col passare del tempo si traducono in grassi in eccesso: anche le proteine, nel nostro corpo, vengono catalizzate per produrre energia! Limitatevi a seguire i piani energetici riportati in queste pagine e vi stupirete dei risultati raggiunti in poco tempo, con un corpo che riprende forma e tono.

Infine consigliamo a tutti, ma soprattutto agli sportivi, di abbondare con le diete "liquide". L'acqua è probabilmente l'alimento più importante e, ci crediate o no, ci fa dimagrire! Lo fa attraverso vari processi, il promo dei quali è quello di doverla "riscaldare". Quando introduciamo acqua nel nostro corpo essa viene portata lentamente alla nostra temperatura corporea e questo consuma energia. Inoltre l'acqua viene utilizzata per costruire altri composti e per purificare il nostro corpo. Consigliamo agli sportivi (ed anche ai meno sportivi!) di bere due bicchieri d'acqua prima di pranzo e due prima di cena, non solo perché questo permette di ridurre l'appetito, ma anche perché l'acqua stessa ci produrrà benefici effetti depurativi e dietetici. Insieme all'acqua potrete ingurgitare una capsula di vitamina C liposomiale da 500 mg, che aiuta a mantenere alte le difese organiche e funge da antiossidante, migliorando la fisiologia delle nostre cellule, se il vostro medico di fiducia sarà d'accordo. Oppure potrete ingerire una compressa di Magnesio da 300 mg (sempre che il vostro medico sia d'accordo) poiché questo riduce l'appetito ed il "desiderio" di cose dolci, migliorando nel contempo gli equilibri ionici del nostro corpo. In ogni caso, sarebbe opportuno bere almeno 1-2 litri d'acqua al giorno, per ringiovanire le nostre cellule e facilitare l'espulsione dei catabolismi, che nello sportivo possono accumularsi anche maggiormente, proprio a causa del catabolismo proteico che in alcuni casi inizia ad aumentare per produrre energia, specialmente quando si inizi una dieta dimagrante.

Tuttavia di fattore "R" parleremo anche nel prossimo capitolo e in ogni caso converrà effettuare il test iniziale proposto nelle pagine precedenti: molto probabilmente la vostra dieta ideale si confermerà essere quella di tipo "C".

NOTE DEL LETTORE

12. Il fattore "R": esercizio fisico

Ripensiamo all'equazione di budget energetico: la dieta, ovvero il fattore "I", è solo metà dell'equazione. Se vogliamo agire su "P" (il nostro peso, in definitiva) è necessario modulare il fattore "R", ovvero la quantità di energia che consumiamo con le nostre attività quotidiane. Di fatto, noi potremmo smettere quasi del tutto di ingerire cibo, ma se ridurremo al minimo il nostro consumo energetico (ad esempio rimanendo seduti per gran parte del giorno) potremmo addirittura continuare ad ingrassare! Pertanto nessuna dieta potrà mai funzionare se non sviluppiamo del calore con il nostro corpo, che significa bruciare parte di quanto abbiamo ingerito. Al contrario, potremmo ingerire discrete quantità di alimenti energetici, ma condurre una vita molto attiva e, dunque, dimagrire.

In base ai contenuti energetici delle diete presentate in questo volume, che sono quelli minimi per garantire un corretto metabolismo, se volete dimagrire davvero dovrete fare dell'esercizio fisico. Non vi proporremo calcoli di calorie o altri ragionamenti astrusi: li abbiamo già fatti per voi. Sappiate però che i calcoli da noi effettuati si basano su un principio fondamentale: chi inizia una dieta deve muoversi... un minimo! Almeno un'ora di movimento aerobico al giorno (es. una passeggiata a passo veloce), oppure mezz'ora di esercizio fisico (es. bicicletta o cyclette) vi permetterà di osservare una interessante riduzione di peso già dopo la prima settimana. Raddoppiare questi livelli di attività vi permetterà di raggiungere i risultati in metà tempo. Insomma, avendo stabilito quali sono le dosi di cibo minime indispensabili per il vostro corpo, ora sta a voi accrescere i "consumi energetici" (fattore R), per ottenere l'effetto dimagrante che avete sempre desiderato.

Esiste una soluzione alternativa al moto, ovviamente: ingerire alimenti squilibrati, in modo che il corpo soffra e cominci a dimagrire anche in assenza di movimento. Purtroppo questo tipo di dimagrimento è caratterizzato da bassa permanenza temporale: appena il vostro corpo tornerà in salute (corretta fisiologia, metabolismo adeguato) esso riprenderà il peso iniziale.

Dunque non abbiamo molte alternative: per dimagrire bisogna nutrirsi in modo corretto (questo lo realizziamo seguendo pedissequamente il piano dietetico personalizzato) e consumare abbastanza energie da sottrarre massa di riserva: bisogna muoversi!

Oltre alle semplici passeggiate ed alla eventuale bicicletta, potremo considerare qualsiasi altra forma di esercizio fisico: corsa, piscina, palestra (non esercizi con i pesi, ma ginnastica a corpo libero), yoga, ecc. L'importante è dedicare almeno un'ora al giorno a queste attività che, mentre ritemprano il fisico, aggiungeranno serenità e salute alla nostra esistenza.

In definitiva, il movimento è parte integrante ed essenziale della dieta. Non potrete dimagrire se non applicate in pieno e con costanza questo concetto al vostro piano di lavoro.

13. La dieta di mantenimento

Al termine del periodo di dieta dimagrante, ovvero, quando il vostro peso reale sarà rientrato nei limiti di quello ideale (secondo i dati della tabella riportata nelle pagine precedenti) potrete passare ad un regime dietetico di mantenimento. In questo caso non pretendiamo di ridurre ulteriormente "P", quindi potremo rendere uguali i fattori R ed I, in modo che il nostro peso si mantenga costante. Potremo dunque continuare con lo stesso livello quotidiano di attività fisica, accrescendo però la quantità di calorie ingerite… senza esagerare.

Lo scopo della dieta di mantenimento è soprattutto quello di favorire l'ingestione di una varietà di alimenti più ampia rispetto a quella contenuta nelle diete dimagranti, in modo da favorire una fisiologia ancora più equilibrata. Pertanto mangeremo tanta frutta, vegetali, ortaggi, legumi. Mangeremo anche carne e pesce in abbondanza, evitando però i grassi (es. grasso della carne, pesci grassi come le anguille, ecc.).

Soprattutto, continueremo a seguire le buone abitudini dietetiche apprese nel corso della dieta ed eviteremo, quindi, di ingerire alcunché fuori dai tre pasti principali. Questo significa che eviteremo di mangiare gelati dopo cena, o di bere alcolici dopo pranzo. Questo ci farebbe riguadagnare rapidamente il peso perduto. Seguendo invece una dieta varia, ma non necessariamente ristretta come quella delle ricette che abbiamo utilizzato nel periodo di dimagrimento spinto, potremo mantenere a lungo costante il nostro peso.

Suggeriamo di interrompere la dieta dimagrante quando il peso reale sia più o meno al centro del *range* ideale, ovvero, di alcuni chili al di sotto del limite massimo. In questo modo, monitorando il nostro peso ogni mattina, potremo comprendere che è giunto il momento di ricominciare la dieta dimagrante, evitando quei continui cambiamenti di peso che caratterizzano alcune persone dalla fisiologia squilibrata.

In generale, comunque, se avremo cura di evitare gli eccessi e di continuare l'esercizio fisico, riusciremo probabilmente a mantenere costanti i progressi ottenuti con la dieta. Ovviamente, se ci saranno delle ricette che abbiano riscosso particolare successo, potremo continuare ad utilizzarle anche nel corso della dieta di mantenimento.

Dunque non suggeriremo un regime dietetico predeterminato in questo caso, né porremo limiti ai vostri pasti: l'unica regola è mangiare tutto (dieta molto variata), mangiare sano (presenza di vegetali e frutta in ogni pasto), non eccedere con grassi e zuccheri e, soprattutto, limitarsi strettamente ai tre pasti principali evitando spuntini e trasgressioni. La bilancia, utilizzata regolarmente, saprà dirci se stiamo procedendo nella direzione giusta.

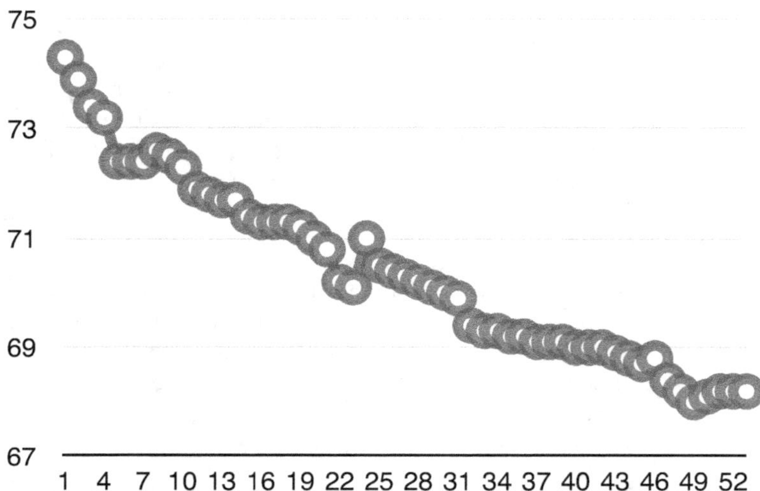

Grafico del peso nel tempo basato su un caso reale e seguendo il programma dietetico C proposto in questo libro accoppiato a 30 minuti di corsa giornaliera: si osserva una naturale tendenza all'appiattimento perché con in passare del tempo e con il diminuire del peso le riduzioni giornaliere decrescono

14. La curva di dimagrimento

Il processo di dimagrimento, quando iniziato, segue una tipica curva che potrete seguire semplicemente inserendo in un programma di grafica i vostri pesi misurati giorno per giorno (purchè sempre alla stessa ora è nelle stesse condizioni, ad esempio, ogni mattina dopo la doccia e prima di fare colazione). Noterete così che nei primissimi giorni, pur avendo iniziato la dieta, non si osservano grandi cambiamenti. Il peso sembra mantenersi costante nonostante i nostri sforzi. Ciò è normale, perchè l'omeostasi che caratterizza la nostra fisiologia tende a mantenere costante il peso, ottimizzando lo sfruttamento dei principi alimentari ingeriti. Non vi preoccupate di questo e continuate la dieta con fiducia. Dopo alcuni giorni, infatti, l'omeostasi viene vinta dalla carenza di grassi e carboidrati prodotta dalla dieta, ed inizieremo a visualizzare un accenno di dimagrimento. Questo è il momento critico: bisogna insistere!

Dopo questo momento la diminuzione di peso sarà evidente è progressivamente maggiore, specialmente se si associa un sano esercizio fisico alla dieta. Ad esempio, effettuando una passeggiata di un'ora o una corsa veloce di mezz'ora (circa 5 km) ogni giorno, seguendo i regimi dietetici proposti in questo libro potremo osservare diminuzioni di peso evidenti, anche pari a 200-400 grammi per giorno. Potremo essere felici di ciò ma non illudiamoci: non sarà sempre così! I notevoli cali di peso osservati nella prima fase si riducono nei giorni successivi per due motivi: il peso stesso che diminuisce e gli adattamenti fisiologici conseguenti. In pratica, se all'inizio del programma dietetico il vostro corpo pesava 10 kg in più, questo produceva un maggiore consumo metabolico di base. Man mano che il peso diminuisce il corpo "impara" a consumare meno e quindi i vostri sforzi saranno premiati da riduzioni di peso meno evidenti. Non vi preoccupate di ciò e andate avanti!

In seguito potrete anche osservare variazioni giornaliere o periodiche rilevanti. Per alcuni giorni il peso resta costante (nonostante la dieta), poi all'improvviso riprende a scendere. Anche di questo non dovrete preoccuparvi perchè la cosa dipende da periodiche variazioni fisiologiche che vi portano, ad esempio, ad accumulare più acqua, oppure a liberarvi meno frequentemente delle feci. In alcuni casi addirittura si potranno osservare leggeri aumenti di peso, seguiti da riduzioni dopo alcuni giorni. È importante non fare troppo caso a tali variazioni, per non diventare matti sopra una bilancia! Ci limiteremo ad annotare le variazioni e ad osservare che nel complesso, rispetto all'inizio del programma, il peso si è ridotto. Eventualmente, osservando lunghi periodi di stasi della curva di peso, potremo aumentare l'attività fisica giornaliera oppure ridurre un pochino le dosi consigliate di cibo (es. mangiare meno pasta o meno pane rispetto a quanto suggerito, o ancora rinunciare alla colazione del mattino sostituendola con un succo di agrumi). Questo permetterà di rompere la resistenza metabolica e riprendere il processo di dimagrimento.

Per ultimo è bene considerare un fatto importante. Se, come suggerito, accoppierete una sana attività fisica alla dieta, potrete certamente osservare nel complesso che il giro vita decresce e che il peso si riduce nel tempo. In alcuni casi e per alcuni periodi però potrete addirittura osservare aumenti di peso, soprattutto nelle settimane successive all'incremento di attività. Da cosa deriva tutto ciò? In effetti molte persone tendono ad ingrassare a causa di una attività troppo scarsa, più che per una dieta troppo ricca. Quando si inizia il programma descritto in questo libro, una parte dei grassi accumulati comincia a volatilizzarsi, ma a seguito della "ginnastica" (passeggiate, corsa, palestra) una parte di essa si trasforma in massa muscolare. Ve ne accorgerete semplicemente guardandovi allo specchio ed osservando che ora apparite più sani e vigorosi. Poichè i muscoli pesano più dei grassi, in alcuni periodi questo potrà condurre ad un leggero aumento di peso. Non dovrete preoccuparvi di ciò: il vecchio vestito che torna a calzare perfettamente vi rende consapevoli del fatto che ora state meglio, nonostante, in apparenza, il vostro peso sia leggermente aumentato!

Prima di concludere, a questo proposito, dobbiamo ancora una volta stressate l'importanza dell'attività fisica accoppiata alla dieta. Non ci stancheremo di ripetere che il vostro peso è la risultante di due processi fondamentali: quello che ingerite e quello che consumate. Ingerire poco senza consumare nulla comporterà comunque una crescita in peso o, nella migliore delle ipotesi, una stasi nelle condizioni di peso. Quindi è indispensabile accoppiare una sana attività fisica alla dieta consigliata.

Se la vostra curva peso tende a rimanere costante e piatta, e se nonostante l'inizio della dieta suggerita, a distanza di molti giorni, il peso sembra non cambiare, allora è confermato: vi muovete troppo poco. Molte persone non si rendono neppure conto di ciò, a causa di un regime di vita sedentario oramai seguito da anni. Vi sono persone che ogni mattina raggiungono il posto di lavoro in auto, si siedono subito dopo (negozianti, insegnanti, contabili, impiegati, ecc), poi pranzano senza spostarsi troppo, riposano nel pomeriggio, cenano e vanno a letto. Se siete una di queste persone avete due possibilità desiderando dimagrire: o aggiungete del movimento alla vostra vita o... Smettete del tutto di mangiare!

Poiché la seconda ipotesi appare alquanto drastica (!) vi suggeriamo vivamente di seguire la prima. Potrà apparirvi come una "punizione" se siete persone poco attive, ma vi renderete conto molto presto che fare attività fisica rende la vita più bella e dona allegria. Allora iscrivetevi in palestra e seguite un programma preciso settimanale, oppure, semplicemente, seguite i suggerimenti forniti nel prossimo capitolo. Questo sarà sufficiente a riprendere la riduzione di peso e, soprattutto, vi meraviglierete di quanto riuscite a dimagrire (ed a star meglio!) semplicemente facendo un poco di movimento ogni giorno.

Convincetevi dunque di un concetto ovvio: se le riduzioni di peso non corrispondono alle aspettative è necessario incrementare l'attività fisica affinché il risultato della nostra "equazione" sia conveniente.

15. Programmi di attività

Qualità e quantità dei cibi suggeriti nei vari programmi dietetici contenuti in questo volume sono commisurati ad una persona di altezza media, peso medio, che spendano giornalmente energia ogni giorno in modo "medio".

A titolo esplicativo sarà bene tenere presente che il vostro peso ideale, ovvero il risultato del piano dietetico adottato, dovrebbe essere calcolato tenendo presenti alcuni parametri come sesso ed altezza. Abbiamo già introdotto questo argomento nella seconda parte di questo libro (Il peso ideale" e siamo pronti ora a dettagliarlo. Esistono infatti varie formule adottate per il calcolo del peso ideale. Alcune di esse sono generiche (come quella inizialmente proposta), altre più specifiche. Queste ultime tengono conto della corporatura media, del sesso e di altri parametri. Esistono pertanto vari indici utilizzati a questo scopo (alcuni sono stati già indicati nei capitoli precedenti) e non tutti conducono allo stesso risultato in termini di peso ideale. Qui sotto riportiamo una tabella dei pesi ideali riempita utilizzando uno tra gli indici più diffusi ed affidabili. Provate a determinare il vostro peso ideale in corrispondenza della colonna che indica il vostro sesso e della riga che indica la vostra altezza, tenendo conto anche della vostra corporatura.

NOTE DEL LETTORE

Peso ideale per donne adulte (in kg massa corporea)

Altezza in	Longilinee	Normolinee	Brachilinee
148	42.0 - 44.8	43.8 - 48.9	47.4 - 54.3
150	42.7 - 45.9	44.5 - 50.0	48.2 - 55.4
152	43.4 - 47.0	45.6 - 51.0	49.2 - 56.5
154	44.4 - 48.0	46.7 - 52.1	50.3 - 57.6
156	45.4 - 49.1	47.7 - 53.2	51.3 - 58.6
158	46.5 - 50.2	48.8 - 54.3	52.4 - 59.7
160	47.6 - 51.2	49.9 - 55.3	53.5 - 60.8
162	48.7 - 52.3	51.0 - 56.8	54.6 - 62.2
164	49.8 - 53.4	52.0 - 58.2	55.9 - 63.7
166	50.8 - 54.6	53.3 - 59.8	57.3 - 65.1
168	52.0 - 56.0	54.7 - 61.5	58.8 - 66.5
170	53.4 - 57.5	56.1 - 62.9	60.2 - 67.9
172	54.8 - 58.9	57.5 - 64.3	61.6 - 69.3
174	56.3 - 60.3	59.0 - 65.8	63.1 - 70.8
176	57.7 - 61.9	60.4 - 67.2	64.5 - 72.3
178	59.1 - 63.6	61.8 - 68.6	65.9 - 74.1
180	60.5 - 65.1	63.3 - 70.1	67.3 - 75.9
182	62.0 - 66.5	64.7 - 71.5	68,8 - 77.7

Peso ideale per uomini adulti (in kg massa corporea)

Altezza in cm	Longilinei	Normolinei	Brachilinei
158	51.1 - 54.7	53.8 - 58.9	57.4 - 64.2
160	52.2 - 55.8	54.9 - 60.3	58.5 - 65.3
162	53.2 - 56.9	55.9 - 61.4	59.6 - 66.7
164	54.3 - 57.9	57.0 - 62.5	60.7 - 68.2
166	55.4 - 59.2	58.1 - 63.7	61.7 - 69.6
168	56.5 - 60.6	59.2 - 65.1	62.9 - 71.1
170	57.9 - 62.0	60.7 - 66.6	64.3 - 72.9
172	59.4 - 63.4	62.1 - 68.3	66.0 - 74.7
174	60.8 - 64.9	63.5 - 69.9	67.6 - 76.2
176	62.2 - 66.4	64.9 - 71.3	69.0 - 77.6
178	63.6 - 68.2	66.4 - 72.8	70.4 - 79.1
180	65.1 - 69.6	67.8 - 74.5	71.9 - 80.9
182	66.5 - 71.0	69.2 - 76.3	73.6 - 82.7
184	67.9 - 72.5	70.7 - 78.1	75.2 - 84.5
186	69.4 - 74.0	72.1 - 79.9	76.7 - 86.2
188	70.8 - 75.8	73.5 - 81.7	78.5 - 88.0
190	72.2 - 77.2	75.3 - 83.5	80.3 - 89.8
192	73.6 - 78.6	77.1 - 85.3	81.8 - 91.6

Noterete che ogni corporatura è definita da due valori, minimo e massimo. Infatti è difficile definire con esattezza un unico peso ideale, dal momento che questo dipende da numerosi fattori. In un giorno definito il nostro peso può aumentare o diminuire anche di più di un chilo a causa di ritenzione idrica, intestino pieno, modificazioni momentanee della fisiologia. Inoltre la massa grassa (più leggera) varia da individuo a individuo e dunque, paradossalmente, se avete accumulato molti grassi e siete fuori forma (pochi muscoli) peserete (proporzionalmente!) di meno. Se siete all'interno dell'intervallo riportato nella tabella, però, potete considerarvi in forma, fermo restando che considerazioni personali, stato fisico ed estetica possono condurvi alla decisione di ridurre o aumentare di uno-due chili all'interno di quell'intervallo, continuando a stare bene.

Dunque, in base ai vostri dati conoscete ora il vostro obiettivo operativo. La vostra fisiologia e la vostra stessa dieta dipendono da quel peso. Il metabolismo basale di una persona alta 160 cm è diverso da quello di una persona alta due metri e questo cambia Quindi anche la dieta dovrebbe essere redatta in base a questi dati. Tuttavia, come suddetto, per semplicità in questo libro abbiamo definito la vostra dieta in base a parametri medi, perchè le differenze in metabolismo sono trascurabili da questo punto di vista, se l'attività fisica praticata è nella norma, considerando i suddetti intervalli fisiologici di variazione del peso forma, come riportato in tabella.

In pratica, ci riferiamo ad una persona alta 160-180 cm, con corporatura normolinea, senza considerarne il sesso, che abbia una corporatura media (se la persona è chiaramente obesa o sotto-peso, come avvertito in apertura, bisognerà che ricorra all'aiuto di uno specialista) e che consumi ogni giorno circa 1500 chilo-calorie mediante attività fisica e circa 1000 chilo-calorie per il proprio metabolismo basale. Una persona con metabolismo totalmente sbilanciato, che consumi molto meno fisiologicamente, dovrà ricorrere all'aiuto medico. Potrebbe darsi però che la vostra attività fisica non consenta di consumare le 1500 (chilo) calorie previste nella media. Sempre più spesso oggi si trascorre gran parte della giornata di fronte ad un monitor, comodamente seduti su una poltrona soffice. L'auto e l'ascensore ci accompagnano dappertutto. In queste condizioni spesso la nostra spesa energetica giornaliera diviene simile a quella di un degente immobile nel suo letto. Una dieta "media" come quella consigliata in questo libro, dunque, dovrebbe essere ridotta a circa il terzo delle porzioni. Una cosa alquanto difficile da realizzare, perchè significherebbe in molti casi consumare solo 15 grammi di pane al giorno, una ventina di grammi di pasta, micro-fettine di carne. Per risolvere il problema la soluzione è facile; aumentare il livello di attività fisica.

Per farlo potremo rivolgerci ad una palestra da frequentare almeno tre volte la settimana per un paio d'ore di esercizi senza attrezzi, oppure correre per almeno mezz'ora cinque volte la settimana. Questi livelli di attività infatti ci consentono di spendere circa 600-700 chilocalorie al giorno, avvicinandoci all'obiettivo. Altro sistema che possiamo prendere in considerazione, grazie alle moderne tecnologie, è quello di usare un'app che ci guidi ogni giorno in sessioni di allenamento fisico. Molte app permettono di eseguire esercizi giornalieri per 15-20 minuti, tali da garantire un discreto consumo energetico. Se le utilizziamo tutte le mattine, prima della doccia, otterremo comunque un risultato interessante tale da evitarci ulteriori riduzioni delle porzioni alimentari. Eviteremo le applicazioni "frettolose" che promettono risultati in 7 o 10 minuti. Possono essere effettive per migliorare il proprio stato fisico ed irrobustire i muscoli, ma non permettono un sufficiente consumo energetico.

Consigliamo di non sottovalutare questi suggerimenti, perchè significherebbe non considerare la seconda parte della nostra equazione di budget (consumo) e quindi, in molti casi renderebbero insufficiente l'adozione del piano dietetico.

16. Hai appetito? Bevi!

Talvolta durante la dieta si sperimentano momenti di imbarazzo: più ci si rende conto che non è possibile eccedere, più si sente il bisogno irresistibile di mangiare! Questo è un processo psicologico abbastanza comune. Avete notato come la sete aumenta se si sa di non avere acqua in casa? Infatti si deve ammettere che dopo una cena completa secondo i piani dietetici indicati in questo manuale, seppure con porzioni ridotte, è abbastanza improbabile che si possa "morire di fame". Due fenomeni concomitanti agiscono sulle nostre percezioni. Da una parte, come suddetto la consapevolezza di non dover eccedere, dall'altra, lo stomaco del "buon mangiatore" che nei primi tempi è alquanto dilatato e necessità di un periodo di aggiustamento per riabituarsi a porzioni normali. Potrà dunque capitarvi, magari nel dopocena o nel tardo pomeriggio, di provare una insaziabile sensazione di appetito. In questo caso indulgere in piccoli spuntini a base di patatine o biscotti al burro servirebbe solo ad annullare i precedenti sacrifici.

Vi suggeriamo in questo caso di bere per placare l'appetito e purificare l'organismo. L'ideale, se vi è sufficiente, è bere acqua oligominerale, perché questo vi renderà più forti e più rapidamente in forma. Spesso è sufficiente un bel bicchiere d'acqua per farci sentire meglio dopo pochi minuti. Se ciò non dovesse bastare come prima alternativa si può suggerire la preparazione di una bottiglia di THE verde dolcificato con Truvia (zero calorie) da consumare a volontà ogni volta che si sente il bisogno di ingurgitare qualcosa. Se anche questo non dovesse bastare si può pensare ad una tazza di orzo, dolcificato con una piccola quantità di fruttosio, da consumare senza esagerare (il fruttosio è comunque una sostanza altamente calorica). In ultima analisi potremo considerare un succo di frutta, prediligendo quelli di agrumi non dolcificati, oppure dell'acqua oligominerale addizionata con alcune gocce di limone.

In definitiva cercheremo di placa il "falso" appetito con liquidi a bassissimo contenuto calorico e noteremo che dopo alcuni giorni il nostro organismo si è abituato al nuovo regime alimentare. Senza dubbio ci sentiremo più in forma e questo aiuterà a divenire più costanti nella dieta e meno schiavi dello spuntino pomeridiano.

17. Dieta per allergie e intolleranze

Sempre più spesso oggi si sente parlare di intolleranze, benché il fenomeno non sia ben definito nei termini e nelle modalità. Ci si sente gonfi o spossati, si richiede la visita di uno specialista e si torna a casa con una diagnosi di intolleranza al lattosio. Si osservano eruzioni cutanee o pruriti e lo specialista ci consiglia di non mangiare mai più pasta. Una dieta, a questo proposito, può aiutare?

Prima di tutto dovremmo definire bene l'entità e la gravità del problema, per comprendere se l'intolleranza sia reale o solo passeggera. A questo proposito, ovviamente, il parere di un medico sarà fondamentale e ci potrà aiutare anche una analisi del sangue. In caso di allergie prodotte da intolleranze alimentari (o di altro tipo) dovremo rilevare livelli di IGE (immunoglobuline) molto al di sopra della norma. Questo, infatti, è un chiaro sintomo di anomalia fisiologica che potrebbe essere dovuto a problemi dietetici.

Esistono varie teorie sui fenomeni che sono alla base delle intolleranze alimentari e non tutte sono state dimostrate. Interessante è quella dell'intestino "colabrodo" perché alcuni fatti sembrerebbero confermarne la validità. In pratica, si ritiene che la permeabilità del nostro intestino possa essere influenzata da alcuni processi infiammatori. Effettivamente noi ingeriamo ogni giorno molte sostanze che possono produrre infiammazioni dell'intestino, riducendo così la sua capacità di selezionare i composti che devono essere assorbiti ed avviati al circolo sanguigno. Inoltre facciamo frequenti usi di antibiotici, i quali modificano la qualità della flora intestinale, fondamentale per garantire un corretto metabolismo delle mucose intestinali.

L'ambiente dell'intestino è molto complesso e la sua salute dipende da vari fattori, inclusa la qualità e quantità di flora intestinale. Persino i probiotici, tanto pubblicizzati e ben noti all'opinione pubblica, possono rendere instabile la flora intestinale riducendo la qualità delle associazioni che ci derivano, in ultima analisi, dall'aver assunto il latte materno. Pertanto arriva un momento, nella vita di molti individui, in cui gli equilibri che hanno garantito una perfetta digestione degli alimenti vengono meno ed è veramente molto difficile correggerli. Infine si consideri l'importanza degli zuccheri. Nel nostro intestino vivono moltissimi ceppi di batteri e funghi. Tra questi è sempre presente *Candida*, un micete che in condizioni normali aiuta la degradazione e l'assorbimento degli zuccheri. Quando la quantità di zuccheri ingeriti è eccessiva *Candida* diviene troppo abbondante e comincia a "richiedere" nutrienti. Ci sentiamo sempre più spesso affamati di zuccheri e le feci divengono molli mentre aumenta la quantità di gas presente nell'intestino. Se il vostro problema è il gonfiore intestinale questa può essere una delle probabili cause.

Non esistono rimedi "chimici" a questo malessere, perché *Candida* non viene quasi mai eliminata del tutto: semplicemente la si può riportare a livelli fisiologici. Per farlo esiste un unico sistema: ridurre drasticamente la quantità di zuccheri, lieviti e bevande fermentate, sin quando il nostro partner microscopico sarà stato ridotto a più miti consigli. Di fatto però, una eccessiva proliferazione di *Candida* è una delle possibili cause delle infiammazioni intestinali che conducono al suddetto fenomeno dell'intestino "colabrodo". Altre cause sono da ricercarsi in un eccessivo uso di cioccolata, antibiotici, composti tossici di vario tipo.

In che modo l'intestino infiammato può essere in relazione ad allergie ed intolleranze?

La mutata fisiologia intestinale non garantisce più la selettività nei confronti delle molecole da assorbire. Un intestino sano seleziona accuratamente le molecole che devono essere inviate nei liquidi corporei ed assimilate, evitando di far passare ad esempio alcune macromolecole ed i peptidi più grossi. Quando mangiamo carne di maiale non vogliamo assorbire le proteine che la caratterizzano, ma gli amminoacidi che le compongono, ovvero, i mattoncini di base necessari per costruire le nostre stesse proteine. Se per un errore di assorbimento alcuni peptidi (grossi pezzi di proteine delle nostre "prede") passano nel nostro sangue, questi vengono riconosciuti dal nostro sistema immunitario come possibili nemici e servono a metterlo in allarme. Da dove provengono questi nemici potenziali?

Non è previsto che essi derivino dagli alimenti (i quali dovrebbero essere completamente scomposti prima di essere assimilati) ed i nostri anticorpi cominciano quindi ad attaccare questi bersagli. Questo è uno dei possibili motivi per cui, alla lunga, aumentano le immunoglobuline disciolte nel sangue, come prima risposta fisiologica ad un attacco esterno di origine ignota. L'unica soluzione possibile è nel ripristino delle condizioni fisiologiche del nostro intestino.

Purtroppo, quando iniziato, questo processo ha un andamento "a catena". Infatti il passaggio delle molecole indesiderate produce un ulteriore infiammazione delle mucose intestinali e questo comporta un ulteriore passaggio indesiderato di macromolecole. Quelle più probabilmente allergeniche che sono costituite dalle proteine della carne (che stimolano fortemente il nostro sistema immunitario), dal glutine del grano (che nelle coltivazioni moderne è troppo elevato rispetto a quanto "noto" al nostro sistema immunitario), molti zuccheri semplici (che stimolano la proliferazione di *Candida*), il latte ed i latticini, che contengono lattosio, uno zucchero complesso potenzialmente allergenico. Diviene evidente, allora, che una possibile soluzione al problema è rappresentata dalla drastica riduzione di tutte queste sostanze, almeno finché la fisiologia delle nostre mucose intestinali non sia stata ripristinata.

Dovremo eliminare dalla nostra dieta il latte, i formaggi freschi o stagionati ed i latticini, eventualmente considerando solo latte privo di lattosio e speciali latticini senza lattosio per almeno 1-2 mesi, finché l'intestino sia tornato ad uno stato di normale fisiologia. Il calcio necessario per il nostro organismo sarà ottenuto direttamente dai vegetali, che possono contenerne moltissimo.

Elimineremo di pari anche le carni fresche e conservate, utilizzando come fonte di proteine e ferro solo pesce, uova e vegetali. Elimineremo infine tutti i carboidrati semplici che possono stimolare la produzione di *Candida*, preferendo quelli meno raffinati. Utilizzeremo dunque quando possibile un dolcificante non dannoso (es. Truvia) o in alternativa faremo uso di miele, malto e fruttosio. Ove indispensabile, preferiremo comunque lo zucchero bianco, raffinato, con quello di canna, meno dannoso per le mucose e meno facilmente utilizzabile dai funghi. Ridurremo drasticamente anche l'uso di pane bianco e di prodotti fermentati (inclusa la birra e le altre bevande fermentate) secondo un piano dietetico drastico ma efficace. Dopo solo un paio di settimane saremo certamente sorpresi dai risultati ottenuti seguendo i piani dietetici che riportiamo nelle prossime pagine!

Tuttavia suggeriamo vivamente di proseguire la dieta per almeno due mesi. Questo è il tempo necessario per permettere ai tessuti intestinali di riprendere la loro naturale fisiologia e, nel contempo, "affamare" *Candida* ed altri miceti, finché le loro popolazioni intestinali tornino a più miti consigli. Al termine del processo l'intestino ricomincerà a scegliere con cura cosa far passare e cosa non far passare nel circolo sanguigno. Questo significa che i nostri anticorpi non troveranno più tante molecole complesse da dover attaccare. Lentamente i livelli di immunoglobuline nel sangue caleranno e di pari passo calerà il livello di allarme nel nostro corpo. A questo punto potremo far rientrare tutti gli alimenti nella nostra dieta, uno per uno, e noteremo probabilmente che non siamo più allergici nè intolleranti.

Nel caso in cui alcuni alimenti dovessero produrre fastidi (problemi intestinali o piccole eruzioni cutanee) suggeriamo di eliminarli per ora dalla nostra dieta. Riproveremo tra un anno o due a reintrodurli. Saremo riusciti però a ripristinare la funzionalità intestinale e questo ci renderà di certo più forti. Inoltre, nel caso di intolleranze multiple, noteremo di certo che la maggior parte degli ingredienti non è più un problema e questo cambierà totalmente, in meglio, la qualità della nostra vita.

18. Programma dietetico per le intolleranze

Tutti i programmi dietetici presentati in questo libro sono offerti al termine, sotto forma di ricette definite, allo scopo di riutilizzare le stesse ricette per vari scopi dietetici. Nel caso specifico però, dovendo semplicemente eliminare alcuni alimenti e non regolare la quantità di calorie ingerite, è necessario ricorrere a ricette *ad hoc*. Pertanto vi suggeriremo qui sotto alcuni esempi di colazioni, pranzi e cene. Tuttavia voi stessi, analizzando le ricette presentate al termine del volume, potrete trovare numerose alternative utili per complicare e rendere più varia la dieta. Il principio portante in questo senso è il seguente: potrete ingerire tutti gli alimenti, ad esclusioni di: carne, latte, latticini, salumi. Inoltre dovrete ridurre drasticamente (possibilmente annullare) il consumo di pasta bianca, pane bianco, farinacei, dolci, zuccheri. È dura, certamente, ma ne vale la pena, come potrete presto apprezzare personalmente.

Fondamentale è conservare questo regime dietetico per un paio di mesi senza interruzioni: una singola pizza in compagnia degli amici, una birra bevuta in una serata di allegria, una bella fetta di carne che non si può evitare per la tradizione Pasquale, ed il programma salta, dovendo essere ripetuto daccapo. Se volete vedere risultati certi, è fondamentale che non ci siano esitazioni o eccezioni. Avremo modo, al termine del programma di due mesi, di riassaporare i nostri alimenti preferiti e… appariranno più buoni.

È anche importante che al termine del periodo di trattamento, gli alimenti "dannosi" vengano re-introdotti gradualmente, lentamente, uno per volta. Prima la carne, poi i suoi derivati, poi i formaggi stagionati ed infine tutti gli altri. In caso di ricomparsa dei sintomi, sapremo quali alimenti, eventualmente, eliminare per un periodo più lungo o per sempre.

19. Possibili soluzioni per la prima colazione

Dovremo bandire dalla nostra tavola il latte ed i suoi derivati. Pertanto sostituiremo questa bevanda con orzo, the, succhi di frutta non zuccherati. Eviteremo se possibile anche tutti i cibi dolci, che producono utile substrato per i batteri intestinali. Eviteremo infine il caffè o perlomeno, ridurremo drasticamente le quantità di caffè ingerito, perché può produrre irritazioni. Quindi una colazione senza latte, senza troppi zuccheri e senza pane bianco. Persino senza caffè! Sembra difficile ma ci abitueremo presto ed i risultati ottenuti in pochi giorni, rappresentati da una rapida scomparsa dei sintomi esterni di allergie e intolleranze, ci incoraggeranno senz'altro a continuare con maggiore decisione.

Una nota fondamentale: evitare tutti gli yogurt e soprattutto quelli con probiotici. Questi alimenti infatti hanno tutte le caratteristiche "ideali" per produrre fastidi intestinali: lieviti, composti del latte, batteri che modificano la flora intestinale. Tutti i tipi di yogurt dovranno essere banditi dalla nostra dieta e l'uso di probiotici sospeso, almeno nel periodo di trattamento.

Crepe dietetica: sbattere un uovo ed aggiungere due cucchiaini di fecola di patate e mezzo bicchiere di latte di soia. Aggiungere anche un cucchiaio di olio di girasole ed un pizzico di sale. Mescolare tutto con un frullatore e poi versarne un mestolo su un testo bollente. Lasciar cuocere per un minuto circa prima di girare per cuocere il secondo lato. Condire con un cucchiaino di miele. Queste crêpes possono essere preparate in anticipo e poi consumate in alcuni giorni.

Uovo al tegamino. Non è necessario spiegare come prelararlo! L'importante è consumarlo accompagnato con una fetta biscottata integrale e non con pane bianco.

Fresella. Acquistare delle fette di pane tostato integrale ("Fresella" o "frise") da bagnare abbondantemente con acqua. Condirla con pomodoro fresco tritato al coltello, un cucchiaio d'olio d'oliva, sale e origano.

Avocado fresco. Potremo condirlo con olio extravergine d'oliva e poi aggiungere mezzo uovo sodo, un cucchiaino di maionese, sale, pepe.

Insalata di agrumi. Si taglia a pezzetti un'arancia ed un limone, dopo averli sbucciati bene. Si aggiunge olio d'oliva, sale, pepe, una goccia di aceto balsamico. Potremo consumarla accompagnandolo con una piccola quantità di pane *"Carasau"*.

Insalata di cocomero. Una bella fetta di cocomero può essere tagliata in cubetti e poi condita con olio, limone, sale, pepe, accompagnandola con una piccola porzione di pane *"Carasau"*.

Frutta fresca di stagione. Può essere consumata a volontà e rappresenta da sola una eccellente prima colazione.

Prima colazione "dolce". Come si sarà compreso, dato il regime dietetico sarebbe meglio evitare la prima colazione "dolce" all'italiana, perché gli zuccheri dovrebbero essere quasi del tutto eliminati per raggiungere i nostri risultati. Tuttavia alcune persone non riescono proprio ad abituarsi ai cibi non dolci la mattina. In questo caso potremo optare per una fetta biscottata condita con un cucchiaino (non più di uno) di miele, oppure per una fetta di pane di soia spalmata con un cucchiaino di marmellata di frutta priva di zucchero, preferendo la marmellata di agrumi e quella di frutti poco zuccherini. Meglio ancora della marmellata è la gelatina di frutta, purché preparata senza aggiunta di zuccheri. Mescolando questo tipo di ingredienti potremo ottenere una serie di possibilità senza rischio. Dovremo però essere certi, nel caso in cui si utilizzino prodotti confezionati (es. marmellate) che non siano stati aggiunti zuccheri raffinati od altri composti potenzialmente allergizzanti o capaci di infiammare i nostri tessuti.

Bevande. Normalmente la prima colazione è costituita da una parte "solida" e da alcune bevande. Elimineremo subito il latte, la panna ed i loro derivati. Potremo bere un bel succo di agrumi, preferendo pompelmo ed arancia, ma potremo anche optare per un succo ACE o altri tipi di frutti poco zuccherini. Assicuriamoci però che non vi siano stati aggiunti zuccheri. La cosa migliore è preparare da soli una bella spremuta (es. di arancia e pompelmo) che ci garantirà vitamine e qualità. In alternativa potremo bene THE, orzo (o infine caffè, se proprio non riusciamo a farne a meno) ma dovremo dolcificarlo utilizzando Truvia, pochissimo miele o una minima quantità di fruttosio.

20. Possibili soluzioni per il pranzo e per la cena

Come suddetto potremo "pescare" tra le ricette presentate a fine libro tutte quelle che rispettano i canoni sopra riportati (assenza di latte, carne, zuccheri raffinati, ecc) ma anche in questo caso vogliamo fornire alcuni esempi e lasciare poi alla vostra fantasia creativa la realizzazione pratica.

Importante è evitare in tutti i pasti i prodotti da forno, che sono normalmente lievitati. Pertanto anche il pane bianco sarà bandito. Eventualmente potremo, se proprio necessario, fare uso di pane carasau (non lievitato) e pane di riso o gallette. Di pari eviteremo le bevande lievitate, come la birra, assolutamente bandita dalla nostra tavola per i prossimi due mesi. Pensandoci bene, e confidando che già dopo la prima settimana cominceremo a notare benefici per la nostra pelle, non si tratta di un sacrificio ma... di una benedizione!

Primi piatti

Eviteremo pasta, pizza, tutti i tipi di carboidrati lievitati, prodotti lievitati e infornati, derivati del pane. Sia a pranzo, sia a cena, si potranno alternare i seguenti piatti, scegliendoli nelle ricette della sezione 3:

- Pc4
- Pc6
- Pc7
- Pc8
- Pc9
- Pc10
- Pc12
- Pc14
- Pc15
- Pc17
- Pc19
- Pc20
- Pg4

NOTE DEL LETTORE

Secondi piatti

Eviteremo tutti i secondi ricchi in carboidrati, salumi, carne di qualsiasi tipo, derivati del latte e latticini, formaggi freschi o stagionati di ogni tipo. Sia a pranzo, sia a cena, si potranno alternare i seguenti piatti, scegliendoli nelle ricette della sezione 3:

- Sc4
- Sc5
- Sc6
- Sc7
- Sc8
- Sc9
- Sc11
- Sc12
- Sc13
- Sc16
- Sc21
- Sg2
- Sg8
- Sg10
- Sg11
- Sg12
- Sg13
- Sg14
- Sg15
- Sg16
- Sg17
- Sg19

Contorni

Tutti i vegetali possono rappresentare ottimi contorni e rendere la dieta più completa. Inoltre, vitamine e sali minerali presenti nei vegetali potranno migliorare lo stato fisiologico dell'intestino. Infine, le fibre contenute nei vegetali costituiranno un "massaggio" utile a migliorare la funzionalità degli organi deputati alla digestione. Pertanto utilizzeremo spesso, anzi, ogni giorno, spinaci bolliti, insalata verde, cipolline, fagiolini, pomodori all'insalata, carote lessate o crude, carciofi, erbette bollite, cicoria, sedano, e tutti gli altri vegetali ricchi di fibre.

Eviteremo invece i funghi (di cui Candida "si nutre") e vegetali troppo ricchi in zuccheri come mais e patate dolci.

Frutta

Qualsiasi frutto è adeguato, ma preferiremo quelli a basso contenuto di zuccheri: innanzitutto preferiremo tutti gli agrumi e poi mele, pere, ecc. Eviteremo invece i succhi di frutta zuccherati, preferendo ad essi le spremute di agrumi.

21. Obiettivo raggiunto!

Al raggiungimento dell'obiettivo, ovvero, quando salendo sulla bilancia potrete godere della vista del vostro peso ideale indicato dalla lancetta, potrete sospendere la dieta principale che vi era stata suggerita, passando a quella di mantenimento. Il momento è cruciale e vi suggeriamo di non sottovalutare questa fase. Il vostro corpo infatti, "affamato" da settimane di dieta, è pronto ad assorbire nutrienti per assecondare la naturale tendenza a ritornare allo stato iniziale. Pertanto ricominciare immediatamente ad assumere alimenti ricchi e abbondanti sarebbe un grave errore, perchè condurrebbe ad una rapidissima ripresa del peso, sino (ed oltre) quello iniziare, annullando gli effetti di tanti sacrifici. Dunque dovremo continuare a monitorare il peso e seguiremo la dieta di mantenimento per un periodo abbastanza lungo, tale da garantire la conferma dei risultati. In seguito, abituati ad un regime dietetico adeguato, potremo conservare il peso forma senza troppi sacrifici.

A questo proposito vorremmo ricordare un concetto fondamentale, troppo spesso sottovalutato: tutto quello che si ingerisce contribuisce al peso, anche in futuro. Un noto comico affermava spesso "È la somma che fa il totale". Questo è vero soprattutto nel caso delle questioni energetiche. Spesso ci facciamo tentare da un *dolcino*, da un *panino*, da una *fettina* di lardo. Appare come un peccato piccolo, facilmente dimenticabile! Eppure, ogni cosa ingerita va ad aggiungersi a quanto avevamo già accumulato. Pertanto, anche piccole ed occasionali deviazioni dalla norma servono ad aggiungere peso, che bisognerà poi smaltire, in aggiunta.

Facciamo un esempio banale. Supponiamo di aver stabilito un certo percorso, per cui ogni sera ingeriamo una certa quantità di alimenti, tale da garantire continue riduzioni giornaliere del peso corporeo. Arriva l'estate e si sente il desiderio di un gelato. Un solo gelato, dopo cena, in fondo, non potrà fare grandi danni. Teniamo presente che un comune gelato ha un contenuto pari a circa 250 chilocalorie! Dunque gli effetti di venti minuti di attività fisica intensa (es. corsa) vengono annullati da quel singolo cono alla cioccolata. A causa di quel gelato, oggi non noteremo alcuna diminuzione di peso, nonostante la dieta seguita. Supponiamo ora che l'evento si ripeta, un paio di giorni dopo e poi si ripeta ancora. Al termine della settimana noteremo che il peso è rimasto costante. Colpa della dieta sbagliata? No, colpa del gelato di troppo!

Per questo motivo, durante e dopo il programma dietetico, sarà necessario regolamentare con precisione tutto quanto entra dalla nostra bocca. Entrerà solo quanto avevamo previsto, senza eccezione alcuna (senza tener conto, ovviamente, dei liquidi privi di calorie, come acqua e the dolcificato con Truvia o altri prodotti a calorie zero). Pertanto, quando di mattina, o dopo cena, ci verrà voglia di ingerire un cornetto, un gelato, un bicchierino di Vodka, opteremo per un bel bicchiere d'acqua, certamente più salutare e tale da non annullare gli effetti dei nostri sacrifici gastronomici.

III parte. Le ricette

1. Le ricette per la dieta di Tipo C

Ogni ricetta è definita da due lettere (es. Pc) per identificarla in base alle informazioni contenute nella dieta. Ogni ricetta è anche definita da un numero (es. Pc1) semplicemente per vostra comodità, in modo che possiate annotare quale ricetta avete già utilizzato in questa settimana. Il numero progressivo identifica la ricetta ma non corrisponde ad alcuna informazione contenuta nella dieta. Potrete dunque usarle a rotazione secondo le vostre necessità. Le pietanze (P) ed i secondi (S) sono seguiti da una lettera che identifica il vostro regime dietetico (in questo caso, "c"). Gli alimenti di tipo C e T sono invece comuni a tutte le diete e non sono quindi identificati da alcuna lettera. Potrete sceglierli liberamente nella lista dei contorni e dei piatti unici.

NOTE DEL LETTORE:

Sezione 1. Pietanze di tipo "C"

Pc1
30 grammi fagioli
25 grammi pasta mista
2 cucchiaini olio extravergine oliva
Sale, pepe nero, 1 pomodoro, prezzemolo, sedano, aglio
Preparazione. Far bollire acqua, olio, prezzemolo, pomodoro, sedano, fagioli. Salare. Aggiungere la pasta sino a cottura completa.

Pc2
40 grammi pasta bianca (a piacere)
Passata pomodoro
Basilico, sale, cipolla, 2 cucchiaini olio oliva
Preparazione. Aggiungere insieme olio, mezzo bicchiere passata, sale, basilico, uno spicchio di cipolla. Lasciare bollire per 15-20 minuti. Bollire la pasta al dente (mai molle) e condire col sugo.

Pc3
40 grammi spaghetti o linguine
2 cucchiaini uova di Lompo
2 cucchiaini olio extravergine oliva
Un pizzico di coriandolo, pepe nero
Mezzo limone
Preparazione. Far bollire la pasta molto al dente. Scolare conservando un mestolo acqua di cottura. Mettere in terrina e mescolare la pasta, uova di Lompo, coriandolo, olio, pepe. Se secca aggiungere poca acqua di cottura. Premere il succo di mezzo limone e servire.

Pc4
30 grammi lenticchie
25 grammi spaghetti integrali spezzati
2 cucchiaini olio oliva
Coriandolo mezzo cucchiaino
Aglio, prezzemolo, sedano, 1 pomodoro, sale, pepe nero
Preparazione. Far bollire in acqua sufficiente lenticchie, sale, pomodoro, coriandolo, olio, sedano e prezzemolo. A cottura avvenuta aggiungere spaghetti sino a cottura al dente. Aggiungere pepe.

Pc5
1 pomodoro grande
1 acciuga
Spicchi aglio
2 cucchiaini olio
40 grammi pasta grande (es rigatoni) integrali
1/2 cucchiaino cumino
Vino bianco
Capperi
Preparazione. Soffriggere leggermente in padellino olio, aglio, cumino, capperi, pomodoro tagliato a pezzetti, acciuga. Aggiungere sale e vino bianco quanto basta. Dopo 10 minuti aggiungere la pasta scolata al dente e saltare sino a completamento cottura

Pc6
35 grammi riso
1 cucchiaino olio extravergine oliva
Mezzo bicchiere passata pomodoro

Sale, pepe nero, coriandolo, ginger, basilico
Un quarto di cipolla
Preparazione. Cuocere insieme passata, cipolla, olio, coriandolo, sale. Al termine aggiungerei un cucchiaino ginger tritato, basilico. Usare per condire il riso bollito

Pc7
200 grammi fagiolini (anche congelati, preferibilmente freschi)
Un bicchiere passata pomodoro
Aglio, coriandolo, basilico
2 cucchiaini olio oliva
Preparazione. Cuocere al vapore i fagiolini lavati e puliti. A parte bollire aglio, olio, passata pomodoro, coriandolo e basilico. Condire e servire caldi.

Pc8
40 grammi riso basmati
1 zucchina
1 spicchio aglio, prezzemolo
2 cucchiaini olio oliva
1 cucchiaino ginger tritato
1 fetta cipolla
Coriandolo e cumino (1/2 cucchiaino)
Preparazione. Porre in pentola con fondo spesso il riso e coprire con mezzo dito acqua. Salare e ornare ad ebollizione. Lasciare cuocere a fuoco o lato lento per 8 minuti senza mescolare, tenendo chiuso il coperchio. Spegnere e non rimuover il coperchio. A parte, in padella, cuocere zucchine tagliate e pezzettini piccoli, aglio e cipolla finemente tritati, prezzemolo molto sottile, sale, cumino e coriandolo. Aggiungere ginger e cuocere aggiungendo eventualmente mezzo bicchiere d'acqua. Al termine aggiungere il riso, mescolare e servire subito.

Pc9
40 grammi riso
50 grammi tonno olio oliva
25 g Sottaceti
Aceto
Mezzo limone, sale
Preparazione. Bollire il riso ed aggiungere 1 cucchiaio aceto. Mettere il tonno in scatola in un colino e porre su un bicchiere per 10 minuti sino a completa eliminazione olio. Tagliare i

sottaceti a pezzettini. Mescolare tonno, sottaceti e riso. Aggiungere il limone e servire freddo.

Pc10
30 grammi spaghetti di riso
1 gamberone tagliato a pezzetti
1/2 bicchiere passata pomodoro
Origano, sale, peperoncino (se gradito), prezzemolo, aglio
Preparazione. Bollire gli spaghetti di riso per 2-3 minuti e scolare. In terrina, cuocere olio, sale, origano, peperoncino, prezzemolo e aglio per 20 minuti. Aggiungere acqua se serve. Usare per condire gli spaghetti di riso.

Pc11
2 cucchiaini olio oliva
2 zucchine
30 grammi spaghetti spezzati
Mezza cipolla, sale, basilico
Preparazione. In pentola a fondo doppio aggiungere zucchine tagliate a pezzetti, cipolla tritata, olio, sale. Coprire con acqua e cuocere sino a tenerezza. Aggiungere ancora acqua ,riportare a bollitura e aggiungere spaghetti e basilico. Cuocere al dente.

Pc12
40 grammi riso integrale
30 grammi lenticchie
Przzemolo, sale, coriandolo1 pomodoro, sedano
Preparazione. In pentola bollire lenticchie, pomodoro, coriandolo, sedano e prezzemolo sino a cottura. Aggiungere il riso integrale sino a cottura e servire.

Pc13
1 cipolla
60 grammi bocconcini carne bovina privati di ogni traccia di grasso
2 cucchiaini olio oliva
40 grammi pasta grossa integrale
Sale, basilico, 1 pomodoro, 1/2 cucchiaino coriandolo
Preparazione. In pentola bassa cuocere la cipolla e la carne per 1 ora almeno. Aggiungere il pomodoro. Salare ed aggiungere basilico e coriandolo. Usare per condire la pasta, cotta al dente.

Pc14

150 grammi spinaci
2 cucchiaini olio
1/2 limone, spicchio aglio
1/2 cucchiaino coriandolo
Preparazione. Bollire gli spinaci. In padellino, cuocere olio, aglio, coriandolo. Aggiungere poca acqua se serve. Usare per condire spinaci. Aggiungere succo limone e servire.

Pc15
200 grammi cozze pulite
40 grammi pasta
1 pomodoro
Aglio, pepe
2 cucchiaini olio oliva
Preparazione. Aprire le cozze in pentola, aggiungendo pepe. Togliere le cozze (lasciando acqua), aggiungere ancora un bicchiere acqua, pomodoro, aglio tritato ed olio e versare la pasta, sino a cottura al dente. Aggiungere le cozze ed il prezzemolo tritato e servire.

Pc16
1/2 melanzana
2 pomodori oblunghi
1 cucchiaio d'olio extravergine d'oliva
1 spicchio d'aglio
1 foglia di basilico
sale e pepe q.b.
1/2 peperoncino piccante (se piace)
50 g di spaghetti
Preparazione. Disporre in una padella l'olio e l'aglio, da imbiondire. Aggiungere la mezza melanzana tagliata a tocchetti e renderla bionda. Aggiungere i pomodori tagliati a spicchi e dell'acqua. Cuocere bene il pomodoro per 15 minuti, salare ed aggiungere le spezie. A parte bollire gli spaghetti molto al dente. Scolarli e saltarli nel composto preparato in padella, prima di servire.

Pc17
60 g di riso integrale
20 g di parmigiano grattugiato
1/2 cipolla
1 cucchiaio d'olio extravergine d'oliva

1 cucchiaio di zenzero grattugiato
1 cucchiaino di curcuma in polvere
1/2 dado da brodo
pepe q.b.
Preparazione. Nell'olio bollente imbiondire la cipolla tritata ed aggiungere la curcuma. Aggiungere il riso, il dado da brodo ed un bicchiere d'acqua. Cuocere il riso rimestando spesso. Aggiungere altra acqua se serve. Aggiungere lo zenzero poco prima di completare la cottura e poi, dopo aver spento la fiamma, il pepe ed il parmigiano grattugiato.

Pc18
50 grammi di fusilli integrali
3-4 foglie di radicchio
1 cucchiaio di olio extravergine d'oliva
2 pomodorini rossi
1/2 peperoncino (se piace)
1 spicchio d'aglio
1 cucchiaio di pecorino grattugiato
1 fetta di prosciutto crudo magrissimo
Preparazione. In una padella cuocere il prosciutto (eventualmente il peperoncino) e l'aglio brevemente poi aggiungere i pomodorini e cuocere per 5 minuti. A parte bollire dell'acqua salata, aggiungere il radicchio e la pasta e cuocere tutto insieme. Scolare pasta e radicchio e saltarla in padella con il pecorino.

Pc19
200 grammi di fagiolini freschi o congelati
2 cucchiaini di olio di semi di girasole
succo di 1 limone
1 spicchio d'aglio finemente tritato
sale e pepe q.b.
Preparazione. Bollire i fagiolini o meglio cuocerli al vapore per 15 minuti in modo da scolarli ancora croccanti. Aggiungere olio, aglio e limone. Consumare tiepidi o anche freddi.

Pc20
60 g di riso venere
1 avocado maturo
succo di mezzo limone
1/2 cucchiaino di zenzero tritato
40 g di salmone affumicato (conservato)
sale q.b.

Preparazione. Cuocere bene il riso per circa 40 minuti o comunque fino a quando risulti cotto all'assaggio. Scolarlo e metterlo in un piatto. A parte mondare l'avocado e tagliarlo in tocchetti. Mescolarlo con striscioline di salmone. Aggiungere poco sale, il succo di limone e lo zenzero tritato. Mescolare bene, poi aggiungere al riso appena scolato e ancora tiepido (ma non caldo, altrimenti l'avocado diviene amaro).

NOTE DEL LETTORE

Sezione 2. Secondi di tipo "C"

Sc1
1 fettina di manzo da 150 grammi privata di ogni traccia di grasso.
Preparazione. Alla griglia.

Sc2
1 fettina di petto di pollo o di tacchino da 200 grammi.
Prezzemolo, sale, aglio, coriandolo, limone, rosmarino
1 cucchiaino olio oliva
Preparazione. Condire la fetta con olio, sale, rosmarino, aglio tritato e prezzemolo. Cuocere alla piastra. Servire con limone.

Sc3

200 grammi bocconcini bovino totalmente magri (eliminare ogni traccia di grasso)
1 cipolla
Coriandolo
2 cucchiaini olio
Mezzo bicchiere vino rosso
Sale, pepe
Preparazione. Cuocere la cipolla in olio con aggiunta acqua per 15 minuti. Aggiungere la carne, coriandolo ed il vino. Coprire e cuocere per almeno 1 ora a fuoco lento. Aggiungere acqua se serve sino a completa cottura.

Sc4

1 spigola da 250 grammi
Sale, limone, prezzemolo, aglio
Preparazione. Mettere su piastra e cuocere il pesce per 10 minuti per lato. Condire con sale, limone aglio, e prezzemolo tritato.

Sc5

1 orata da 250 grammi
Sale, limone, prezzemolo, aglio
Preparazione. Mettere su piastra e cuocere il pesce per 10 minuti per lato. Condire con sale, limone aglio, e prezzemolo tritato.

Sc6

300 grammi filetto di lampuga
Sale, limone, prezzemolo, aglio
Preparazione. Mettere su piastra e cuocere il pesce per 10 minuti per lato. Condire con sale, limone aglio, e prezzemolo tritato.

Sc7

250 grammi pesce spada
Sale, limone, prezzemolo, aglio
Preparazione. Mettere su piastra e cuocere il pesce per 10 minuti per lato. Condire con sale, limone aglio, e prezzemolo tritato.

Sc8

fetta di tonno da 250 grammi
Sale, limone, prezzemolo, aglio

Preparazione. Mettere su piastra e cuocere il pesce per 10 minuti per lato. Condire con sale, limone aglio, e prezzemolo tritato.

Sc9
200 grammi alici
Farina di mais o polenta
Sale, pepe, 1 cucchiaino olio oliva.
Preparazione. Pulire e togliere la lisca alle alici. Mescolarle alla farina di mais. Versare o mescolare l'olio. Disporle su una carta da forno e cuocere al grill (disponendole su un piatto in alto), in forno, per 10 minuti. Poi girare e cuocere altri 10 minuti. Salare, aggiungere pepe e limone.

Sc10
Scatoletta di carne in scatola (es. Simmental) da 75 grammi su letto di lattuga fresca.

Sc11
Scatoletta di tonno da 125 grammi ed una patata bollita.
Preparazione. Versare il tonno in un passino e lasciare sgocciolare per 10 minuti prima di mangiarlo.

Sc12
200 grammi di champignon
25 grammi di parmigiano
½ limone, pepe, 1 cucchiaino olio oliva, sale
Preparazione. Spellare e lavare i funghi. Tagliarli a fettine molto sottili. Disporre in un piatto e coprire di scaglie di parmigiano. Versare l'olio, il sale, il limone, il pepe.

Sc13
1 calamaro da 250 grammi
Aglio, sale, limone, pepe, prezzemolo, 2 cucchiaini olio
Preparazione. Pulire il calamaro ed aprirlo di lungo. Praticare dei piccoli tagli trasversali. Disporlo su una piastra bollente appena unta. Farlo cuocere 8-10 minuti per lato. Servire condito col secondo cucchiaino d'olio, sale, prezzemolo tritato e pepe quanto basta.

Sc14
2 fuselli di pollo

1 cucchiaino olio oliva.
Mezza cipolla, un pomodoro, uno spicchio aglio, basilico, coriandolo (1/2 cucchiaino)
1 cucchiaio vino bianco
Preparazione. Togliere tutta la pelle ai fuselli. Stufare il pollo in un tegame stretto con 1 cucchiaino olio e cipolla tritata e spicchio aglio. Aggiungere un cucchiaio di vino bianco ed acqua. Coprire. Aggiungere il pomodoro e coriandolo e coprire. Aggiungere acqua se serve fino a cottura ultimata. Aggiungere basilico.

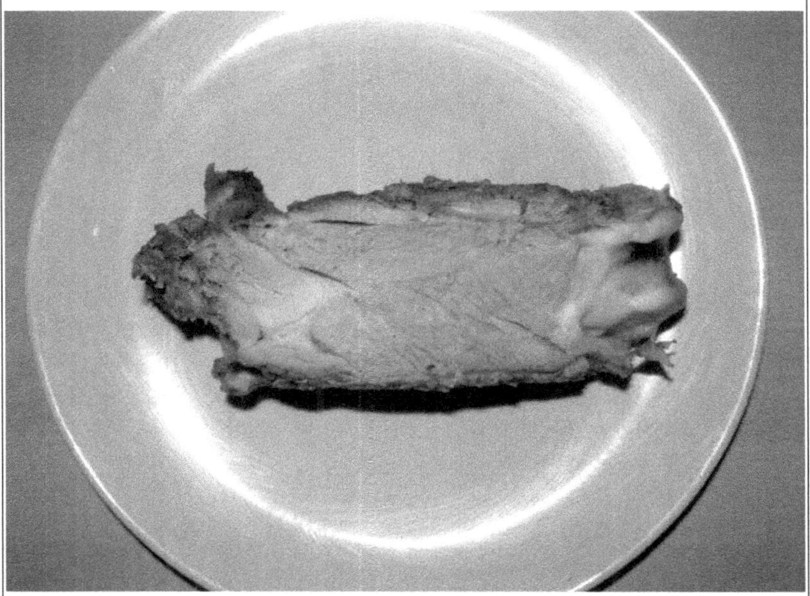

Sc15
30 g prosciutto cotto
100 g fior di latte o provola
Preparazione. Da consumare al piatto.

Sc16
1 uovo. Sale. Pepe
Preparazione. Aprire 1 uovo e versarlo un una terrina. Aggiungere sale e pepe. Coprire con un piattino. Cuocere in forno a microonde per 2 minuti alla massima potenza.

Sc17
1 mozzarella light da 100 g
1 fetta di prosciutto crudo privata totalmente dal grasso
sale e pepe q.b.
Preparazione. Aggiungere sale e pepe sulla mozzarella light.
Avvolgere nella fetta di prosciutto crudo.

Sc18
150 grammi di fettine di vitello
1 cucchiaino di curcuma
1 cucchiaino di peperoncino dolce tritato
2 gocce di succo di jalapenho
1 pizzico di origano
1 cucchiaio di farina di maizena
2 cucchiaini di olio extravergine d'oliva
sale e pepe q.b.
Preparazione. Mescolare peperoncino, curcuma, sale, pepe, origano e maizena in un piatto. Disporre sopra le fettine di vitello per infarinarle bene. In una padella con fondo di pietra versare l'olio, bagnare bene il fondo con esso e farlo riscaldare, poi aggiungere le fettine di vitello e farle rosolare bene dai due lati, aggiungendo delle gocce di jalapenho. Si serve caldo, eventualmente con l'aggiunta di qualche goccia di limone.

Sc19

1 petto di pollo tagliato sottile
1 cucchiaino di capperi
1 cucchiaino di senape magra
1 cucchiaino di olio extravergine d'oliva
1 cucchiaino di prezzemolo tritato

Preparazione. Spalmare il petto di pollo con la senape. Aggiungere i capperi ed il prezzemolo. Arrotolare e chiudere con uno stuzzicadenti. Disporre in un pentolino con l'olio e lasciare cuocere bene coperto aggiungendo piccole quantità di vino bianco o acqua per circa 25 minuti. Nel caso in cui sia ancora crudo dentro, si può completare la cottura anche in microonde, alla massima potenza, per 5 minuti.

Sc20

1 uovo
25 grammi di formaggio svizzero
1 cucchiaino di curcuma
1/2 cucchiaio di farina
1/2 bicchiere di latte
sale e pepe q.b.

Preparazione. Sbattere l'uovo ed aggiungere curcuma, formaggio, sale e pepe. Disporre in una padella antiaderente con fondo di pietra, senza olio, e lasciare cuocere dai due lati. Si stacca facilmente dalla copertura di pietra.

Sc21

150 grammi di alici private delle lische
2 cucchiai di pangrattato
2 cucchiai di farina di mais
2 cucchiaini di capperi
1 cucchiaio di prezzemolo tritato
1 scorza grattugiata di limone
1 cucchiaio di aceto di mele
sale e pepe q.b.

Preparazione. mescolare bene il pangrattato con i capperi tritati, prezzemolo, scorza di limone e pepe. Passare le alici nel composto per coprirle bene dai due lati. Disporle ora su una carta da forno e grigliare per 10 minuti da un lato e per 5 dal secondo lato. A cottura ultimata aggiungere sale e succo di limone.

2. Le ricette per la dieta di tipo G

Sezione 1. Pietanze di tipo "G"

Piatti P

Pg1

40 g pasta integrale (spaghetti o linguine)

100 g vongole

1/2 cucchiaio olio extravergine oliva

2 pomodorini

1 spicchio aglio

1 cucchiaino di prezzemolo tritato

2 gocce succo jalapenho

Sale, pepe qb

Preparazione. In una padellina disporre l'olio, l'aglio, i pomodorini tagliati a pezzetti e le vongole lavate. Cuocere a fuoco vivo sono all'apertura delle vongole. Aggiungere il sale, pepe, prezzemolo e spegnere. Cuocere la pasta in abbondante acqua bollente, scolare al dente e mescolare nella padella contenente il sugo di vongole. Aggiungere le due gocce di jalapenho e rimestare bene prima di servire.

Pg2

30 g pasta grano duro (es rigatoni o penne)

1/2 cucchiaio olio extravergine d'oliva

1 spicchio d'aglio

1 gamberone congelato

1 cucchiaino di prezzemolo

1 cucchiaino di zenzero tritato
1 tazzina di vino bianco
Sale, pepe qb
Preparazione. Scongelare il gamberone, tagliare la parte anteriore e tagliare il corpo in 4-5 parti. Soffriggere l'aglio nell'olio ed aggiungere poi rapidamente i frammenti di gambero, il prezzemolo, lo zenzero ed una tazzina di vino bianco. Quando il vino è svaporato spegnere subito. Cuocere la pasta in acqua bollente, scolare al dente e versare nella padella con il sugo. Saltare per un minuto, aggiungendo un mestolo di acqua di cottura della pasta, prima di servire.

Pg3
40 grammi di spaghetti
1 cucchiaino di caviale (va bene anche il succedaneo, es. uova di Lompo)
Succo di mezzo limone
1/2 cucchiaio olio extravergine d'oliva
Mezzo peperoncino piccante (se piace)
1 spicchio d'aglio
Preparazione. In una padellina soffriggere l'aglio ed il peperoncino nell'olio. Spegnere quando l'aglio è biondo. Bollire la pasta in acqua bollente, scolare quando è ancora molto al dente e versare nella padella, insieme ad un mestolo dell'acqua di cottura. Mescolare bene il tutto e spegnere il fuoco. Al termine, con la pasta ancora calda (ma non sul fuoco) aggiungere il caviale ed il succo di limone. Servire immediatamente.

Pg4
250 g di patate
2 foglie di basilico
1 cucchiaio di cipolla tritata
2 cucchiaini da the di olio extravergine d'oliva
1 pizzico d'origano
2 cucchiai d'aceto di mele
Sale qb
Preparazione. Bollire le patate in acqua bollente e, quando sono morbide, spellarle e tagliarle in grossi cubi. Aggiungere la cipolla, il sale, l'origano, l'aceto ed il basilico. Lasciar riposare circa un'ora rimestando di tanto in tanto, prima di servire.

Pg5
60 g di riso integrale
1 bicchiere colmo di passata di pomodoro
2 foglie di basilico

1 cucchiaino d'olivo extravergine d'oliva
1 cucchiaio di cipolla tritata finemente
1 cucchiaino di zucchero
2 cucchiaini di parmigiano grattugiato
Sale qb

Preparazione. In un pentolino versare la passata di pomodoro, l'olio, il sale, la cipolla e lo zucchero. Cuocere a fuoco lento per circa 20 minuti aggiungendo acqua se serve a mantenere il composto abbastanza liquido. A parte bollire il riso in abbondante acqua sino a completa cottura. Scolare il riso e mescolare nel pentolino con il sugo, aggiungendo ora il basilico ed il formaggio grattugiato. Servire bollente.

Pg6
50 grammi di riso bianco
Succo di mezzo limone
1 grosso cetriolo sottaceto
50 g di tonno totalmente sgocciolato (pressare in un passino prima di usarlo)
2 cucchiaini olio extravergine d'oliva

Preparazione. Bollire il riso da insalate in acqua salata. Scolare e versare nel piatto. Aggiungere tutti gli altri ingredienti tagliati in piccoli frammenti e mescolare bene prima di servire.

Pg7
40 g di linguine
1 gamberone congelato
2 pomodori di media grandezza
1/2 cucchiaio d'olivo extravergine d'oliva
1 aglio
1 peperoncino (solo se piace)
1 pizzico di origano
1 cucchiaino di prezzemolo tritato
Sale e pepe qb

Preparazione. Scongelare e lavare il gamberone sotto acqua corrente. Tagliarli in 5-6 parti conservando la testa. In un tegamino versare l'aglio e l'olio. Soffriggere per pochi secondi e, prima che imbrunisca, aggiungere i pomodori tagliati a pezzetti, il gamberone (inclusa la testa), origano, sale e prezzemolo. Cuocere a fuoco lento con un coperchio, aggiungendo acqua se il sugo si asciuga. Al termine aggiungere il pepe, eventualmente altro prezzemolo tritato e spegnere la fiamma. A parte, far bollire le linguine in acqua salata e scolarle molto al dente. Saltarle in

padella con il sugo preparato per qualche minuti, aggiungendo un mestolo di acqua di cottura della pasta. Servire subito.

Pg8

40 g di spaghetti

1/2 cucchiaio d'olivo extravergine d'oliva

Succo di mezzo limone

1 spicchio d'aglio

1 cucchiaino di curcuma tritata

3 olive bianche finemente tritate

1 cucchiaino di capperi lavati dal sale

Sale e pepe qb

Preparazione. In una padellina soffriggere a fuoco lento e brevemente l'aglio nell'olio, assieme al cucchiaino di curcuma tritata. A parte bollire le linguine in acqua salata e scolarle al dente. Aggiungerle al composto precedentemente preparato insieme ad un mestolo d'acqua di cottura della pasta, le olive ed i capperi. Saltare brevemente e, dopo aver spento la fiamma, condire con il succo di limone prima di servire.

Pg9

1/2 avocado maturo

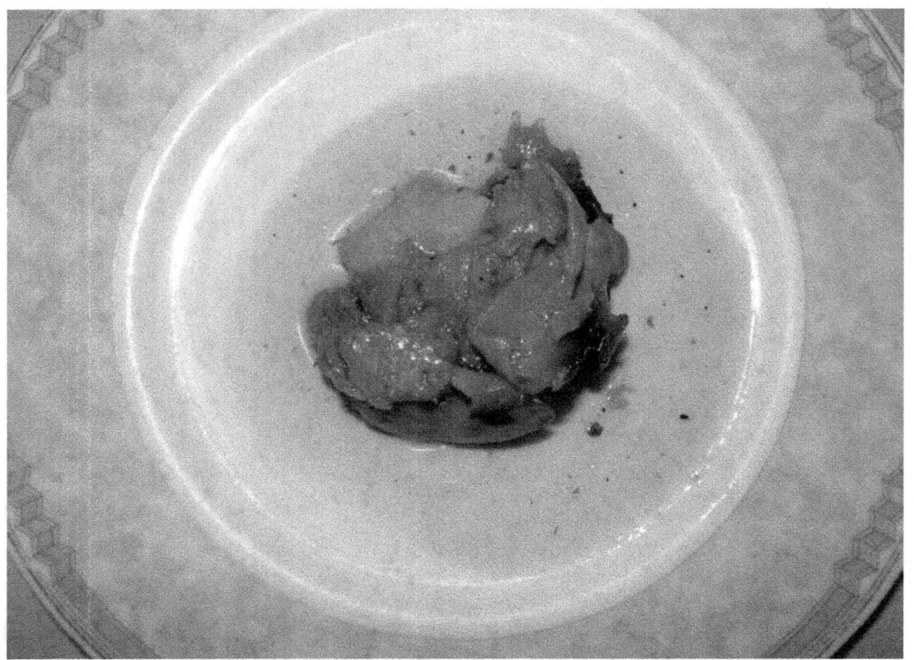

1 cucchiaino d'olivo extravergine d'oliva
1 pomodoro
1 cucchiaino di polvere di peperoncino (se piace)
1 cucchiaino di coriandolo in polvere
1 cucchiaino di prezzemolo tritato
1 spicchio d'aglio tritato
1 cucchiaio di cipolla tritata
1 pizzico di sale fino
1 pizzico di pepe nero
40 g di pasta integrale (es penne rigate, rigatoni o tortiglioni)
Preparazione. In un frullatore aggiungere tutti gli ingredienti (esclusa la pasta) e frullare sino ad ottenere un composto omogeneo. Si può usare all'uopo anche un minipimer ed il suo bicchiere per contenere la salsa. A parte bollire la pasta e scolare al dente. Quando la pasta è ancora calda versare il composto e mescolare bene. Si mangia tiepido.

Pg10
30 g di riso basmati
1/2 carota
1/2 spicchio d'aglio
1/2 zucchina
2 cucchiaini olio extravergine d'oliva
1 cucchiaino di curcuma tritato

1/2 cucchiaino di coriandolo tritato

1/2 cucchiaino di cumino tritato

Preparazione. In una padella versare l'olio, tutti gli aromi e gli altri ingredienti (escluso il riso) finemente tritati in frammenti di pochi mm di spessore. Cuocere per circa 5 minuti, poi aggiungere mezzo bicchiere d'acqua e lasciar cuocere coperto, sino a quasi totale evaporazione dell'acqua. In un tegame aggiungere il riso Basmati, coperto da circa 1/2 cm di acqua. Mettere sul fuoco a fiamma viva sino al bollore. Non rimestare mai il riso. Pochi secondi dopo la comparsa delle bolle grosse, abbassare la fiamma sino al minimo consentito (deve essere veramente una fiammella minima) e coprire con un coperchio a tenuta. Dopo 7-8 minuti spegnere la fiamma, senza sollevare il coperchio. Attendere ancora 10-15 minuti. Ora aprire il coperchio e versare il riso nella padella con il sugo, rimestando sino a separare bene tutti i chicchi. Accendere la fiamma solo per riscaldare e servire subito.

Pg11

30 g di riso basmati

1/2 carota

1/2 spicchio d'aglio

1/4 di peperone verde o rosso

2 cucchiaini olio extravergine d'oliva

1 cucchiaino di curcuma tritato

1/2 cucchiaino di coriandolo tritato

1/2 cucchiaino di cumino tritato

Preparazione. In una padella versare l'olio, tutti gli aromi e gli altri ingredienti (escluso il riso) finemente tritati in frammenti di pochi mm di spessore. Cuocere per circa 5 minuti, poi aggiungere mezzo bicchiere d'acqua e lasciar cuocere coperto, sino a quasi totale evaporazione dell'acqua. In un tegame aggiungere il riso Basmati, coperto da circa 1/2 cm di acqua. Mettere sul fuoco a fiamma viva sino al bollore. Non rimestare mai il riso. Pochi secondi dopo la comparsa delle bolle grosse, abbassare la fiamma sino al minimo consentito (deve essere veramente una fiammella minima) e coprire con un coperchio a tenuta. Dopo 7-8 minuti spegnere la fiamma, senza sollevare il coperchio. Attendere ancora 10-15 minuti. Ora aprire il coperchio e versare il riso nella padella con il sugo, rimestando sino a separare bene tutti i chicchi. Accendere la fiamma solo per riscalcare e servire subito.

Pg12

30 g di riso basmati

1/2 carota

1/2 spicchio d'aglio

1 cucchiaio di piselli in scatola
2 cucchiaini olio extravergine d'oliva
1 cucchiaino di curcuma tritato
1/2 cucchiaino di coriandolo tritato
1/2 cucchiaino di cumino tritato

Preparazione. In una padella versare l'olio, tutti gli aromi e gli altri ingredienti (escluso il riso) finemente tritati in frammenti di pochi mm di spessore. Cuocere per circa 5 minuti, poi aggiungere mezzo bicchiere d'acqua e lasciar cuocere coperto, sino a quasi totale evaporazione dell'acqua. In un tegame aggiungere il riso Basmati, coperto da circa 1/2 cm di acqua. Mettere sul fuoco a fiamma viva sino al bollore. Non rimestare mai il riso. Pochi secondi dopo la comparsa delle bolle grosse, abbassare la fiamma sino al minimo consentito (deve essere veramente una fiammella minima) e coprire con un coperchio a tenuta. Dopo 7-8 minuti spegnere la fiamma, senza sollevare il coperchio. Attendere ancora 10-15 minuti. Ora aprire il coperchio e versare il riso nella padella con il sugo, rimestando sino a separare bene tutti i chicchi. Accendere la fiamma solo per riscaldare e servire subito.

Pg13

30 g di riso basmati
1/2 carota
1/2 spicchio d'aglio
1 cucchiaio di lenticchie bollite (eventualmente in scatola)
2 cucchiaini olio extravergine d'oliva
1 cucchiaino di curcuma tritato
1/2 cucchiaino di coriandolo tritato
1/2 cucchiaino di cumino tritato

Preparazione. In una padella versare l'olio, tutti gli aromi e gli altri ingredienti (escluso il riso) finemente tritati in frammenti di pochi mm di spessore. Cuocere per circa 5 minuti, poi aggiungere mezzo bicchiere d'acqua e lasciar cuocere coperto, sino a quasi totale evaporazione dell'acqua. In un tegame aggiungere il riso Basmati, coperto da circa 1/2 cm di acqua. Mettere sul fuoco a fiamma viva sino al bollore. Non rimestare mai il riso. Pochi secondi dopo la comparsa delle bolle grosse, abbassare la fiamma sino al minimo consentito (deve essere veramente una fiammella minima) e coprire con un coperchio a tenuta. Dopo 7-8 minuti spegnere la fiamma, senza sollevare il coperchio. Attendere ancora 10-15 minuti. Ora aprire il coperchio e versare il riso nella padella con il sugo, rimestando sino a separare bene tutti i chicchi. Accendere la fiamma solo per riscaldare e servire subito.

Pg14

70 g di fagioli in scatola (o due mestoli di fagioli bolliti)
1 spicchio d'aglio
1 cucchiaino d'olio extravergine d'oliva
1 pomodoro medio o 2 pomodori pelati in scatola
1 cucchiaio di prezzemolo tritato
1 rametto di sedano
Sale e pepe qb
25 g di pasta mista

Preparazione. Nel caso in cui si usino fagioli secchi, lasciarli in acqua e bicarbonato per una notte, per farli ammorbidire, prima di iniziare. In una pentola versare circa 4 dita d'acqua, i fagioli, l'aglio intero, il prezzemolo, l'olio, il sedano, il sale ed il pomodoro a pezzetti. Bollire per circa 40 minuti a fuoco lento, quindi aggiungere la pasta ed altra acqua sino a coprire appena la pasta ancora cruda. Lasciar cuocere la pasta a fuoco molto lento rimestando spesso, sino a quando raggiunga la giusta consistenza. Aggiungere alcuni mestoli d'acqua se serve. Aggiungere il pepe prima di servire.

Pg15

70 g di lenticchie in scatola (o due mestoli di lenticchie secche bollite)
1 spicchio d'aglio
1 cucchiaino d'olio extravergine d'oliva
1 pomodoro medio o 2 pomodori pelati in scatola
1 cucchiaio di prezzemolo tritato
1 rametto di sedano
Sale e pepe qb
25 g di spaghetti spezzati

Preparazione. In una pentola versare circa 4 dita d'acqua, le lenticchie, l'aglio intero, il prezzemolo, l'olio, il sedano, il sale ed il pomodoro a pezzetti. Bollire per circa 40 minuti a fuoco lento, quindi aggiungere la pasta ed altra acqua sino a coprire appena la pasta ancora cruda. Lasciar cuocere la pasta a fuoco molto lento rimestando spesso, sino a quando raggiunga la giusta consistenza. Aggiungere alcuni mestoli d'acqua se serve. Aggiungere il pepe prima di servire.

Pg16

70 g di fave in scatola (o due mestoli di fave secche bollite)
1 cucchiaio di cipolla tritata
1 fettina di prosciutto crudo totalmente privato del grasso
1 rametto di foglie di finocchio
2 cucchiaini d'olio extravergine d'oliva
1 cucchiaio di prezzemolo tritato
Sale e pepe qb

30 g di spaghetti integrali spezzati

Preparazione. In un tegame mettere l'olio, due cucchiai d'acqua e la cipolla. Aggiungere anche il prosciutto crudo finemente tagliuzzato. Emulsionare bene ed accendere la fiamma. Quando la cipolla sarà imbiondita e l'acqua quasi evaporata, aggiungere le fave bollite e lasciar rosolare per qualche minuto, prima di aggiungere un bicchiere d'acqua. Aggiungere anche il finocchio e gli altri aromi e poi lasciare bollire per circa 25 minuti a fiamma lenta. A questo punto aggiungere la pasta e coprire d'acqua sino alla superficie della pasta cruda. Cuocere a fuoco molto lento rimestando in continuazione ed aggiungere ancora qualche mestolo d'acqua se serve. Servire subito.

Pg17

70 g di ceci in scatola (o due mestoli di ceci secchi bolliti)
1 spicchio d'aglio
1 cucchiaino d'olio extravergine d'oliva
1 cucchiaio di prezzemolo tritato
1 rametto di sedano
Sale e pepe qb
1 nido di tagliatelle all'uovo spezzate

Preparazione. Nel caso in cui si usino ceci secchi, lasciarli in acqua e bicarbonato per una notte, per farli ammorbidire, prima di iniziare. In una pentola versare circa 4 dita d'acqua, i ceci, l'aglio intero, il prezzemolo, l'olio, il sedano, il sale. Bollire per circa 40 minuti a fuoco lento, quindi aggiungere la pasta all'uovo ed altra acqua sino a coprire appena la pasta ancora cruda. Lasciar cuocere la pasta a fuoco molto lento rimestando spesso, sino a quando raggiunga la giusta consistenza. Aggiungere alcuni mestoli d'acqua se serve. Aggiungere il pepe prima di servire se piace.

Pg18

70 g di piselli in scatola (o due mestoli di piselli freschi bolliti)
1 cucchiaio di cipolla tritata
1 fettina di prosciutto crudo totalmente privato del grasso
2 cucchiaini d'olio extravergine d'oliva
1 cucchiaio di prezzemolo tritato
Sale e pepe qb
30 g di spaghetti integrali spezzati

Preparazione. In un tegame mettere l'olio, due cucchiai d'acqua e la cipolla. Aggiungere anche il prosciutto crudo finemente tagliuzzato. Emulsionare bene ed accendere la fiamma. Quando la cipolla sarà imbiondita e l'acqua quasi evaporata, aggiungere i piselli e lasciar rosolare per qualche minuto, prima di aggiungere un bicchiere d'acqua.

Aggiungere anche gli altri aromi e poi lasciare bollire per circa 25 minuti a fiamma lenta. A questo punto aggiungere la pasta e coprire d'acqua sino alla superficie della pasta cruda. Cuocere a fuoco molto lento rimestando in continuazione ed aggiungere ancora qualche mestolo d'acqua se serve. Servire subito aggiungendo eventualmente del pepe nero a fine cottura.

Pg19

40 g pasta (spaghetti, rigatoni, penne, secondo i gusti)

1 cucchiaino di pesto già pronto (oppure basilico, aglio, pinoli e formaggio da frullare)

sale qb

Preparazione. Bollire la pasta. Scolarla al dente. Condirla col pesto aggiungendo un mestolo di acqua di cottura. Si può aggiungere un cucchiaio raso di parmigiano grattugiato.

Pg20

150 g di minestrone congelato (oppure carote, patate, piselli, sedano, fagioli, cipolle, spinaci sino alllo stesso peso)

1 cucchiaino di olio extravergine d'oliva

1 scorza di parmigiano ripulita, pari a circa 5 cm quadri

Preparazione. Versare il minestrone congelato (o le verdure crude) in una pentola alta e coprirlo con circa 3 volte la sua altezza, di acqua. Aggiungere l'olio e la scorza di parmigiano tagliata in tre o quattro parti. Portare ad ebollizione e bollire per 20-25 minuti (congelato) o per circa 1 ora (verdure fresche). Si può completare, volendo, con un paio di cucchiaini di parmigiano grattugiato.

Pg21

70 g di fagioli in scatola

150 g di pomodorini dolci

2 cucchiaini d'olio di semi di girasole

foglie di basilico

1 cucchiaino d'origano

sale q.b.

2 belle fette di pane integrale non troppo spesse

Preparazione. Disporre le fette di pane su una griglia fino a renderle bionde. Scolare e lavare i fagioli. Lavare i pomodorini ed il basilico. Mescolare i pomodorini a pezzetti con i fagioli, Aggiungere sale, origano, olio e basilico. Disporre il tutto sulle fette di pane tostato.

Pg22

1 peperone rosso

1/2 cipolla
50 g di farfalle
1 cucchiaino di curcuma
un pizzico di pepe nero
1 foglia di basilico
1 cucchiaino d'olio extravergine d'oliva
sale q.b.

Preparazione. Tagliare a tocchetti il peperone lavato e disporlo in una padella con l'olio, la curcuma e mezzo bicchiere d'acqua. Lasciar cuocere bene, aggiungendo eventualmente altra acqua, basilico, il pepe ed il sale. A parte cuocere al dente le farfalle in acqua bollente salata. Scolare e saltare in padella con il sugo al peperone precedentemente preparato.

Pg23

100 g di ceci (lessi in barattolo)
1/2 cucchiaino di timo fresco o secco
1 cucchiaio di sedano tritato
1 scalogno
succo di 1/2 limone
sale e pepe q.b.

Preparazione. mescolare tutti gli ingredienti in una terrina alta, aggiungere un bicchiere d'acqua e frullare con un minipimer. Versare il tutto in una pentola e cuocere per 5 minuti coperto, poi scoperto per altri 10 minuti, sino ad ottenere una consistenza cremosa. Al termine della cottura, dopo aver versato nel piatto, aggiungere il succo di limone. Si può servire con dei piccoli frammenti di pane.

Pg24

2 fogli di pane Carasau
150 grammi di pomodori pachino lavati e tagliati in piccoli frammenti
2 cucchiaini di olio extravergine d'oliva
2 foglie di basilico
1 pizzico di origano
15 g di parmigiano grattugiato
1 spicchio d'aglio
1 peperoncino verde
sale e pepe *q.b.*

Preparazione. In un piatto mescolare il pomodoro in pezzetti con sale, origano, basilico tritato, aglio schiacciato, parmigiano, pepe. Aggiungere il peperoncino verde tagliato in sottilissime fette e l'olio. Mescolare bene. In un piatto ampio versare un bicchiere d'acqua e poggiarvi sopra il primo foglio di pane carasau. Dopo pochi istanti, prima che divenga troppo molle, sollevarlo e disporlo in un piatto. Si ammorbidirà completamente in seguito. Versare sul foglio ammorbidito il composto appena preparato. Ammorbidire anche il secondo foglio di pane Carasau e disporlo sul tutto. Disporre ora il piatto con la pizza in questo modo prodotta in formo a microonde, alla massima potenza per 2 minuti prima di servire.

Pg25

50 grammi di pasta ritorta

50 grammi di tonno al naturale (non sottolio)

mezzo peperone rosso

1 cucchiaino di olio di semi di girasole

1 spicchio d'aglio

2 foglie di basilico fresco

mezzo peperoncino piccante (se piace)

sale e pepe q.b.

Preparazione. Pulire i peperoni, tagliarli a tocchetti e passarli al minipimer per ridurli in pasta. Aggiungere tonno, basilico, olio, pepe e sale (eventualmente il peperoncino). Bollire la pasta, scolarla al dente e mescolare il composto, aggiungendo eventualmente un mestolo di acqua di cottura. Si può saltare in padella per insaporire bene.

NOTE DEL LETTORE

Sezione 2. Secondi di tipo

"G"

Sg1
1 petto di pollo di grandezza media
1/2 cucchiaino di curcuma
1 pizzico di rosmarino
1 cucchiaino da the di salsa di soya
1 cucchiaino di prezzemolo tritato
Preparazione. Arrostire il petto di pollo a fuoco vivace su una piastra, dopo averlo cosparso di curcuma, prezzemolo e rosmarino. Aggiungere la salsa di soya a metà cottura. Eventualmente spruzzare con vino bianco per evitare che secchi

Sg2
200 g di filetto di pesce (cernia, merluzzo, pesce spada)
1 cucchiaino di prezzemolo tritato
1 cucchiaino di origano tritato
1 cucchiaino di aglio tritato
1 pizzico di sale
mezzo bicchiere di vino
Preparazione. Mescolare tutti gli ingredienti in una terrina. Immergervi il pesce per circa 30 minuti, per marinarlo. Disporre il pesce su una piastra bollente e lasciarlo rosolare dai due lati, umettandolo di tanto in tanto con il composto liquido ancora disponibile.

Sg3
1 fettina di carne da 200 g
sale qb
Preparazione. Arrostire la carne totalmente magra (provata di ogni traccia di grasso) e salarla. Servirla accompagnata da mezzo limone.

Sg4
1 uovo
mezzo bicchiere di latte
mezzo cucchiaio di farina
1 cucchiaino di olio extravergine di oliva

1 fetta di prosciutto cotto totalmente privato dal grasso
un pizzico di sale. Pepe.
un cucchiaio di birra
Preparazione. Sbattere l'uovo. Aggiungere la farina e mescolare bene.
Quindi aggiungere il latte, la birra, l'olio, sale e pepe e mescolare bene,
eventualmente con lo sbattitore elettrico. Scaldare bene una padella con
fondo antiaderente (meglio se con fondo di pietra) e versare un paio di
mestoli del composto. Dopo circa due minuti girare l'omelette e cuocere
il secondo lato. Aggiungere la fetta di prosciutto ed arrotolare. Quindi
servire.

Sg5
1 coscia di pollo allo spiedo (da rosticceria) privata totalmente della pelle
Preparazione. Spellare completamente ed eliminare ogni traccia di
grasso.

Sg6
1 fettina di arrosto di manzo o di vitello
Preparazione. Eliminare con cura ogni traccia di grasso, lasciando solo
la polpa, prima di cuocere. Arrostire sino al grado di cottura desiderata.
Salare.

Sg7
1 petto di pollo
1 uovo
1 cucchiaio di Farina
1 cucchiaio di Farina di mais
1 cucchiaio di Pan grattato
1 cucchiaino di curcuma
Sale qb
Preparazione. Immergere il petto di pollo nell'uovo sbattuto e salato.
Mescolare le farine ed il pan grattato con la curcuma. Poggiarvi sopra la
fettina imbevuta d'uovo e pressare bene da entrambi i lati. Accendere il
forno e portarlo a 200 gradi. Quindi accendere il grill. Disporre in forno
la fettina sopra un foglio di carta da forno e cuocere per 15 minuti.
Girarla e cuocere per altri 10 minuti

Sg8
150 g di pesce bandiera (circa 2 tocchetti) privato della pelle
1 cucchiaino d'olio d'oliva
1 cucchiaio di farina
1 spicchio d'aglio
Origano

1 cucchiaino di prezzemolo tritato
1/2 bicchiere di vino bianco
2 pomodorini
1 cucchiaino di cappero lavati
Sale qb

Preparazione. Lavare bene il pesce e pressarlo nella farina. In una padella disporre l'aglio, l'olio, il prezzemolo, l'origano ed il pomodoro ed i capperi e saltare rapidamente. Aggiungere il pesce bandiera ed il vino, coprire e cuocere per circ 10 minuti. Girare e cuocere ancora per 6-8 minuti. Servire immediatamente, eventualmente spolverando con pepe nero.

Sg9

1 pizza margherita (da acquistare o mangiare al ristorante) preparata senza aggiunta di olio (da richiedere appositamente).

Preparazione. Acquistare la pizza in pizzeria (o approfittarne per una cena fuori casa) avvertendo di non aggiungere olio.

Sg10

3 gamberoni argentini
1 cucchiaino d'aglio tritato
1 cucchiaino di prezzemolo tritato
½ bicchiere di aceto
½ limone
sale qb

Preparazione. Poggiare i gamberoni su una piastra bollente ed aggiungere l'aglio ed il prezzemolo. Cuocere per pochi minuti a fuoco vivo, aggiungendo piccole quantità di aceto per evitare che asciughino. Salare e coprire sino a cottura ultimata. Non aggiungere grassi.

Sg11

6 cuori di carciofi
1 uovo
1 cucchiaio di formaggio parmigiano grattugiato
2 spicchi d'aglio
1 cucchiaino di prezzemolo grattugiato
1 cucchiaino d'olio extravergine d'oliva
sale e pepe qb

Preparazione. Disporre in una padella i carciofi, l'olio, il sale, l'aglio ed il prezzemolo con mezzo bicchiere d'acqua. Coprire e lasciare cuocere per 20 minuti circa a fuoco lento. Aggiungere l'uovo sbattuto ed il formaggio e rimestare sino ad ottenere la completa cottura dell'uovo, che avvolgerà i carciofi. Aggiungere anche il pepe, se piace.

Sg12

1 sogliola fresca o congelata
1 spicchio d'aglio
1 cucchiaio di pane grattugiato
1 cucchiaino d'olio extravergine d'oliva
3 olive denocciolate
½ bicchiere di vino

Preparazione. Spellare la sogliola dai due lati. Disporre sul fondo di una casseruola la sogliola, l'olio, l'aglio ed il prezzemolo. Aggiungere le olive ed il sale. Coprire con il vino. Coprire la pentola con un coperchio e cuocere a fuoco lento per 15 minuti, poi girare la sogliola con attenzione mediante una spatola e cuocere ancora per 10 minuti.

Sg13

150 g di polpo congelato
½ limone
1 spicchio d'aglio
1 cucchiaino di prezzemolo triturato

sale e pepe qb

Preparazione. Bollire il polpo in acqua abbondante finchè sarà tenero. Tagliarlo a tocchetti abbastanza piccoli ed aggiungere l'aglio ed il prezzemolo. Salare e pepare. Completare con il succo di limone. Si mangia freddo.

Sg14

1 avogado
1 uovo
1 cucchiaino d'olio extravergine d'oliva
1 cucchiaino di prezzemolo tritato
½ limone
1 carota
sale e pepe qb

Preparazione. Bollire l'uovo sino a renderlo sodo. Togliere il guscio e tagliarlo in tocchetti. Bollire la carota al dente, spellarla e tagliarla in tocchetti. Spellare l'avogado e tagliarlo in tocchetti. Miscelare il tutto aggiungendo sale, limone, prezzemolo, pepe ed olio.

Sg15

1 avogado
70 g di gamberetti congelati
1 cucchiaino d'olio extravergine d'oliva
1 cucchiaino di zenzero tritato
mezzo spicchio d'aglio
1 cucchiaino di prezzemolo tritato
½ limone
1 foglia di lattuga
sale e pepe qb

Preparazione. Bollire i gamberetti e spellarli. Spellare l'avogado e metterlo in frullatore insieme all'aglio, il prezzemolo, l'olio, lo zenzero, il sale e lo zenzero. Aggiungere il succo di limone e renderlo in pasta. Aggiungere la pasta ai gamberetti e mescolare bene. Servire sulla foglia di lattuga

Sg16

150 g di alici pulite e private della lisca
1 bicchiere di aceto
1 cucchiaino d'olio di oliva
1 cucchiaino di prezzemolo triturato
1 cucchiaino di aglio triturato
Sale fino 1 cucchiaino

Sg17

250 g di merluzzo fresco o congelato
1 avocado maturo
1 uovo fresco
1 cucchiaino d'olio d'oliva
2 cucchiai d'aceto
2 cucchiai di succo di limone
1 cucchiaino di senape
Sale qb

Preparazione. Bollire il pesce, spellarlo e pulirlo disponendolo in tocchetti in un piatto piano. Lasciarlo raffreddare prima di condirlo con una maionese dietetica che si prepara come segue. Spellare l'avocado e disporne metà in un bicchiere da minipimer. Aggiungere l'uovo intero, l'olio, il sale, l'aceto ed il succo di limone. Inserire il minipimer e cominciare a frullare partendo dal fondo e salendo lentamente, finché la finta maionese si monta. Al termine aggiungere la senape e completare la montatura. Si conserva in frigo per alcuni giorni. Usarne circa un cucchiaio per condire il pesce lesso.

Sg18

150 g di filetto di vitello tagliato in una fetta spessa
Sale e pepe qb
1/2 limone
Preparazione. Grigliate al sangue e servire con una fetta di limone.
Salare

Sg19
1/4 di melone bianco
100 g di gamberi freschi o congelati
1 zucchina
maionese di avocado (ricetta Se5)
sale q.b.
Preparazione. Tagliare la zucchina in listelli corti e disporli sulla piastra bollente per cuocerli bene. Immergere i gamberi in acqua bollente per circa 1 minuto, poi sgusciarli e tagliarli a pezzetti. Tagliare il melone in tocchetti da 1 cm. Mescolare melone, zucchine e gamberi, condendo con 2 cucchiai di maionese di avocado.

Sg20
200 g di petto di pollo privato di ogni traccia di grasso
succo di mezzo limone
1 cucchiaino di timo
1 cucchiaio di sedano tritato
1 carota piccola
1 cucchiaio di cipolla tritata
1 cucchiaino di olio di semi di girasole
sale e pepe q.b.
Preparazione. In una padella con fondo di pietra disporre il pollo, 1 bicchiere d'acqua, il timo, le cipolle ed il sedano tritato. Aggiungere anche le carote finemente tritate e cuocere per 20 minuti. Aggiungere altra acqua se serve Al termine aggiungere sale, pepe, olio e limone subito dopo aver spento la fiamma.

3. Le ricette della dieta di tipo "E"

Sezione 1. Pietanze di tipo "E"

Pe1

150 g di broccoli pugliesi
1 acciuga
1 spicchio d'aglio
1 cucchiaio d'olio extravergine d'olive
1 peperoncino piccante
1 cucchiaio di formaggio pecorino
40 g di orecchiette o di pasta grossa

Preparazione. Bollire i broccoli in abbondante acqua salata. Dopo circa 20 minuti dovrebbero essere cotte (provare ad affondare una forchetta) e si potrà aggiungere la pasta, da portare a fine cottura insieme alle rape. Nel frattempo a parte, in una padellina, si soffrigge l'aglio nell'olio, insieme al peperoncino. Quando l'aglio è biondo si aggiunge l'acciuga, da rimestare continuamente finchè sia totalmente consumata nell'olio. A questo punto si scola la pasta con le rape, si rimette tutto nella pentola e si mescola a caldo con il composto di olio ed aglio e con il formaggio pecorino.

Pe2

40 g di linguine
1 gamberone congelato
2 pomodori di media grandezza
1 cucchiaio d'olio extravergine d'oliva
1 aglio
1 peperoncino (solo se piace)
1 pizzico di origano
1 cucchiaino di prezzemolo tritato
Sale e pepe qb

Preparazione. Scongelare e lavare il gamberone sotto acqua corrente. Tagliarli in 5-6 parti conservando la testa. In un tegamino versare l'aglio e l'olio. Soffriggere per pochi secondi e, prima che imbrunisca, aggiungere i pomodori tagliati a pezzetti, il gamberone (inclusa la testa), origano, sale e prezzemolo. Cuocere a fuoco lento con un coperchio, aggiungendo acqua se il sugo si asciuga. Al termine aggiungere il pepe, eventualmente altro prezzemolo tritato e spegnere la fiamma. A parte, far bollire le linguine in acqua salata e scolarle molto al dente. Saltarle in padella con il sugo preparato per qualche minuti, aggiungendo un mestolo di acqua di cottura della pasta. Servire subito.

Pe3

40 grammi di spaghetti
1 cucchiaino di caviale (va bene anche il succedaneo, es. uova di Lompo)
Succo di mezzo limone
1 cucchiaio olio extravergine d'oliva
Mezzo peperoncino piccante (se piace)
1 spicchio d'aglio
Preparazione. In una padellina soffriggere l'aglio ed il peperoncino nell'olio. Spegnere quando l'aglio è biondo. Bollire la pasta in acqua bollente, scolare quando è ancora molto al dente e versare nella padella, insieme ad un mestolo dell'acqua di cottura. Mescolare bene il tutto e spegnere il fuoco. Al termine, con la pasta ancora calda (ma non sul fuoco) aggiungere il caviale ed il succo di limone. Servire immediatamente.

Pe4

150 grammi spinaci
2 cucchiaini olio
1/2 limone, spicchio aglio
1/2 cucchiaino coriandolo
Preparazione. Bollire gli spinaci. In padellino, cuocere olio, aglio, coriandolo. Aggiungere poca acqua se serve. Usare per condire spinaci. Aggiungere succo limone e servire.

Pe5

100 g di asparagi
50 g di riso
1 cucchiaino d'olio extravergine d'olive
1 bicchiere di latte scremato
sale qb
Preparazione. Tostare il riso nell'olio bollente, in un tegame alto. Aggiungere gli asparagi lavati e privati della parte basale fibrosa, il latte, il sale. Lasciare cuocere per 20-25 minuti rimestando spesso. Aggiungere acqua se serve.

Pe6

250 g di patate
2 foglie di basilico
1 cucchiaio di cipolla tritata
2 cucchiaini da the di olio extravergine d'oliva
1 pizzico d'origano
2 cucchiai d'aceto bianco
Sale qb
Preparazione. Bollire le patate in acqua bollente e, quando sono morbide, spellarle e tagliarle in grossi cubi. Aggiungere la cipolla, il sale, l'origano, l'aceto ed il basilico. Lasciar riposare circa un'ora rimestando di tanto in tanto, prima di servire.

Pe7

150 g di spinaci
50 g di riso
1 cucchiaino d'olio
1 cucchiaino di curcuma
½ bicchiere di latte scremato
sale e pepe qb
Preparazione. Bollire gli spinaci in acqua salata. Scolarli e frullarli con un Minipimer. In un tegame alto versare l'olio, riscaldarlo ed aggiungere il riso, da tostare per un paio di minuti. Aggiungere quindi gli spinaci, il latte, il sale, il curcuma e lasciare cuocere per 20-25 minuti aggiungendo acqua se serve e rimestando spesso. Si può servire il risotto anche con l'aggiunta di un cucchiaino di parmigiano.

Pe8
30 grammi fagioli
25 grammi pasta mista
2 cucchiaini olio extravergine oliva
Sale, pepe nero, 1 pomodoro, prezzemolo, sedano, aglio
Preparazione. Far bollire acqua, olio, prezzemolo, pomodoro, sedano, fagioli. Salare. Aggiungere la pasta sino a cottura completa.

Pe9

70 g di ceci in scatola (o due mestoli di ceci secchi bolliti)
1 spicchio d'aglio
1 cucchiaino d'olio extravergine d'oliva
1 cucchiaio di prezzemolo tritato

1 rametto di sedano
Sale e pepe qb
1 nido di tagliatelle all'uovo spezzate
Preparazione. Nel caso in cui si usino ceci secchi, lasciarli in acqua e bicarbonato per una notte, per farli ammorbidire, prima di iniziare. In una pentola versare circa 4 dita d'acqua, i ceci, l'aglio intero, il prezzemolo, l'olio, il sedano, il sale. Bollire per circa 40 minuti a fuoco lento, quindi aggiungere la pasta all'uovo ed altra acqua sino a coprire appena la pasta ancora cruda. Lasciar cuocere la pasta a fuoco molto lento rimestando spesso, sino a quando raggiunga la giusta consistenza. Aggiungere alcuni mestoli d'acqua se serve. Aggiungere il pepe prima di servire se piace.

Pe10

70 g di fave in scatola (o due mestoli di fave secche bollite)
1 cucchiaio di cipolla tritata
1 fettina di prosciutto crudo totalmente privato del grasso
1 rametto di foglie di finocchio
2 cucchiaini d'olio extravergine d'oliva
1 cucchiaio di prezzemolo tritato
Sale e pepe qb
30 g di spaghetti integrali spezzati
Preparazione. In un tegame mettere l'olio, due cucchiai d'acqua e la cipolla. Aggiungere anche il prosciutto crudo finemente tagliuzzato. Emulsionare bene ed accendere la fiamma. Quando la cipolla sarà imbiondita e l'acqua quasi evaporata, aggiungere le fave bollite e lasciar rosolare per qualche minuto, prima di aggiungere un bicchiere d'acqua. Aggiungere anche il finocchio e gli altri aromi e poi lasciare bollire per circa 25 minuti a fiamma lenta. A questo punto aggiungere la pasta e coprire d'acqua sino alla superficie della pasta cruda. Cuocere a fuoco molto lento rimestando in continuazione ed aggiungere ancora qualche mestolo d'acqua se serve. Servire subito.

Pe11

30 grammi lenticchie
25 grammi spaghetti integrali spezzati
2 cucchiaini olio oliva
Coriandolo mezzo cucchiaino
Aglio, prezzemolo, sedano, 1 pomodoro, sale, pepe nero

Preparazione. Far bollire in acqua sufficiente lenticchie, sale, pomodoro, coriandolo, olio, sedano e prezzemolo. A cottura avvenuta aggiungere spaghetti sino a cottura al dente. Aggiungere pepe.

Pe12
30 grammi fagioli
30 grammi riso integrale
1 spicchio d'aglio
¼ di cipolla rossa
1 cucchiaino d'olio d'oliva
1 cucchiaino di prezzemolo tritato
1 cucchiaino di curcuma
1 pizzico di sale
2 cucchiai di passata di pomodoro
Preparazione. Disporre il riso in una pentola coprendolo con circa 2-3 dita l'acqua fredda. Aggiungere il sale e, senza rimestare, portare ad ebollizione. Abbassare la fiamma e continuare la cottura per 15 minuti. Spegnere la fiamma e lasciar completare la cottura con un coperchio, senza ulteriormente riscaldare. Al termine sciacquare il riso sotto acqua corrente, separare e disporre in un piatto piano. A parte cuocere i fagioli in abbondante acqua aggiungendo aglio, cipolla, sale, pepe,

pomodoro e prezzemolo. Si può cuocere anche in pentola a
vapore. Si possono usare anche fagioli in scatola. Al termine
della cottura, quando i fagioli sono molli, versare il tutto sul riso
precedentemente preparato.

NOTE DEL LETTORE

Sezione 2. Secondi di tipo "E"

Se1
150 g di petto di tacchino
1 cucchiaino d'olio extravergine d'oliva
rosmarino
curcuma
1 cucchiaino di prezzemolo tritato
1 cucchiaino di aglio tritato
un cucchiaio di aceto di mele
sale e pepe qb
Preparazione. Mescolare con l'aceto e l'olio il rosmarino, l'aglio, il prezzemolo, il curcuma, sale e pepe e sbattere bene. Immergere le fette di tacchino per 30 minuti per marinarle. Disporle quindi su una piastra rovente e cuocere rapidamente da entrambi i lati, umettando con il rimanente composto, se serve.

Se2
1 avogado

70 g di gamberetti congelati
1 cucchiaino d'olio extravergine d'oliva
1 cucchiaino di zenzero tritato
mezzo spicchio d'aglio
1 cucchiaino di prezzemolo tritato
½ limone
1 foglia di lattuga
sale e pepe qb

Preparazione. Bollire i gamberetti e spellarli. Spellare l'avogado e metterlo in frullatore insieme all'aglio, il prezzemolo, l'olio, lo zenzero, il sale e lo zenzero. Aggiungere il succo di limone e renderlo in pasta. Aggiungere la pasta ai gamberetti e mescolare bene. Servire sulla foglia di lattuga

Se3

3 gamberoni argentini
1 cucchiaino d'aglio tritato
1 cucchiaino di prezzemolo tritato
½ bicchiere di aceto
½ limone
sale qb

Preparazione. Poggiare i gamberoni su una piastra bollente ed aggiungere l'aglio ed il prezzemolo. Cuocere per pochi minuti a fuoco vivo, aggiungendo piccole quantità di aceto per evitare che asciughino. Salare e coprire sino a cottura ultimata. Non aggiungere grassi.

Se4

150 grammi di petto di tacchino
1 fetta di prosciutto crudo privata del grasso
1 cucchiaino di parmigiano grattugiato
1 cucchiaio d'olio extravergine d'olive
1 cucchiaino di prezzemolo tritato
1 cucchiaino di aglio tritato
1 cucchiaio di cipolla tritata
sale e pepe qb

Preparazione. Mescolare l'aglio, il prezzemolo ed il parmigiano in una coppetta, aggiungendo sale e pepe. Disporre le fette di tacchino in un piatto e coprire con il composto appena preparato. Coprire ora ciascuna fetta con un pezzetto di prosciutto crudo ed arrotolare, fermandole con uno stuzzicadenti. Versare l'olio in un tegamino ed aggiungere la cipolla e gli involtini appena preparati. Si può aggiungere acqua o vino per evitare che attacchino. Si copre e si cuoce per 30 minuti, girando di tanto in tanto. Va aggiunto anche all'esterno un pochino di sale ed eventualmente pepe.

Se5
150 g di cavolini di Bruxelles
1 avocado
sale e pepe qb
Preparazione. Bollire i cavolini di Bruxelles per pochi minuti in modo che rimangano leggermente al dente. Disporre in un piatto e condire con sale e limone. Aggiungere una salsa di avocado preparata come segue. Spellare l'avocado e disporne metà in un bicchiere da minipimer. Aggiungere l'uovo intero, l'olio, il sale, l'aceto ed il succo di limone. Inserire il minipimer e cominciare a frullare partendo dal fondo e salendo lentamente, finché la finta maionese si monta. Al termine aggiungere la senape e completare la montatura. Si conserva in frigo per alcuni giorni. Usarne circa un cucchiaio per condire i cavoletti.

Se6
150 g di petto di tacchino in piccoli tocchetti
2 pomodori
1 cucchiaio d'olio d'oliva
1 cucchiaino di capperi salati
1 cucchiaio di cipolla tritata
origano
1 cucchiaio di farina
sale e pepe qb
Preparazione. Rosolare la cipolla nell'olio. Passare i tocchetti di tacchino nella farina e rosolarli nell'olio con la cipolla. Aggiungere il pomodoro in pezzi, l'origano ed i capperi. Salare, pepare e coprire sino a cottura ultimata. Si può aggiungere acqua se si addensa troppo.

Se7
250 g di merluzzo fresco o congelato
1 avocado maturo
1 uovo fresco
1 cucchiaino d'olio d'oliva
2 cucchiai d'aceto
2 cucchiai di succo di limone
1 cucchiaino di senape
Sale qb

Preparazione. Bollire il pesce, spellarlo e pulirlo disponendolo in tocchetti in un piatto piano. Lasciarlo raffreddare prima di condirlo con una maionese dietetica che si prepara come segue. Spellare l'avocado e disporne metà in un bicchiere da minipimer. Aggiungere l'uovo intero, l'olio, il sale, l'aceto ed il succo di limone. Inserire il minipimer e cominciare a frullare partendo dal fondo e salendo lentamente, finché la finta maionese si monta. Al termine aggiungere la senape e completare la montatura. Si conserva in frigo per alcuni giorni. Usarne circa un cucchiaio per condire il pesce lesso.

Se8
150 g di ricotta
1 uovo
1 cucchiaino di curcuma
1 cucchiaino di zenzero tritato
sale e pepe qb
1 cucchiaino d'olio di arachidi
Preparazione. Sbattere l'uovo ed aggiungere la ricotta, lo zenzero, il curcuma, il sale ed il pepe. Disporre in una padella già bagnata con l'olio, coprire e lasciare cuocere dal primo lato. Versare in un piatto piano e rigirare per cuocere bene il secondo lato.

Se9
75 g di salmone affumicato
succo di mezzo limone
1 cucchiaino di aneto
1 avocado
Preparazione. Disporre in un piatto il salmone ed umettarlo col succo di limone cospargendolo con l'aneto. Aggiungere una salsa di avocado preparata come segue. Spellare l'avocado e disporne metà in un bicchiere da minipimer. Aggiungere l'uovo intero, l'olio, il sale, l'aceto ed il succo di limone. Inserire il minipimer e cominciare a frullare partendo dal fondo e salendo lentamente, finché la finta maionese si monta. Al termine aggiungere la senape e completare la montatura. Si conserva in frigo per alcuni giorni. Usarne circa un cucchiaio per condire il pesce lesso.

Se10
150 g di petto di tacchino in tocchetti

1 fetta di ananas sciroppato (in scatola) ed un pochino del suo
liquido
1 cucchiaio di farina
1 aglio
1 cucchiaino di coriandolo
1 cucchiaino di curcuma
4-5 mandorle
salsa di soia
1 cucchiaino d'olio d'oliva
1 cucchiaio di aceto di mele
sale qb
Preparazione. Soffriggere l'aglio nell'olio ed aggiungere il
tacchino, preventivamente passato nella farina. Lasciarlo
rosolare. Aggiungere subito l'ananas ridotto in tocchetti, le
mandorle e se serve mezzo bicchiere d'acqua. Salare quanto
basta. Aggiungere l'aceto, il coriandolo e il curcuma e coprire.
Lasciar cuocere a fuoco medio per 20 minuti. Al termine
aggiungere lo sciroppo di ananas (prelevato dalla stessa lattina) e
lasciarlo svaporare, prima di servire.

Se11
150 g di salmone fresco
1 cucchiaino d'olio extravergine d'oliva
1 cucchiaino di prezzemolo triturato
1 cucchiaino di aglio triturato
1 cucchiaio di latte scremato
sale e pepe qb
Preparazione. Disporre i tocchetti di salmone in carta da forno
e condire con tutti gli altri ingredienti. Richiudere la carta
formando un pacchetto sigillato e disporlo in forno a 170 °c per
25 minuti.

Se12
6 ostriche di media grandezza
1 limone
Preparazione. Aprire le ostriche e servirle su un letto di
ghiaccio. Prima di mangiarle crude cospargerle di limone.

Se13
70 g di formaggio svizzero
1 uovo
1 cucchiaio di farina
½ bicchiere di latte scremato

1 cucchiaino di olio di oliva o di arachidi
sale e pepe qb
Preparazione. Sbattere le uova, aggiungendo il latte e la farina. Versarne un mestolo in una padella antiaderente (meglio quella con rivestimento di pietra) bollente cosparsa d'olio. Cuocere da entrambi i lati. Avvolgere il formaggio e scaldare leggermente per farlo sciogliere parzialmente.

Se14
150 g di pesce spada
1 cucchiaino di prezzemolo tritato
1 cucchiaino di aglio tritato
½ cucchiaino di coriandolo
1 cucchiaino di zenzero tritato finemente
1 cucchiaio di aceto
½ bicchiere di vino bianco
origano
sale e pepe qb
Preparazione. Marinare il pesce spada negli ingredienti citati e disporre su una piastra bollente per cuocerlo da entrambi i lati. Servire con mezzo limone.

Se15
200 grammi bocconcini bovino totalmente magri (eliminare ogni traccia di grasso)
1 cipolla
Coriandolo
2 cucchiaini olio
Mezzo bicchiere vino rosso
Sale, pepe
Preparazione. Cuocere la cipolla in olio con aggiunta acqua per 15 minuti. Aggiungere la carne, coriandolo ed il vino. Coprire e cuocere per almeno 1 ora a fuoco lento. Aggiungere acqua se serve sino a completa cottura.

Se16
1 mozzarella di bufala da 150 g
2 foglie di lattuga
Preparazione. Il piatto è già pronto. Basta lavare e condire la lattuga con sale e succo di limone.

Se17
1 fettina di petto di pollo o di tacchino da 200 grammi.

Prezzemolo, sale, aglio, coriandolo, limone, rosmarino
1 cucchiaino olio oliva
Preparazione. Condire la fetta con olio, sale, rosmarino, aglio tritato e prezzemolo. Cuocere alla piastra. Servire con limone.

Se18
1 filetto di trota da 150 g
1 cucchiaio di farina
1 cucchiaio d'olio d'oliva
1 cucchiaino di prezzemolo triturato
1 cucchiaino di aglio triturato
1 bicchiere di vino bianco
sale e pepe qb
Preparazione. Pressare il filetto nella farina e disporlo in un tegame con l'olio bollente e l'aglio. Lasciar rosolare da entrambi i lati. Quindi aggiungere il vino, poco per volta, il prezzemolo, sale e pepe. Cuocere bene da entrambi i lati aggiungendo vino sino a cottura ultimata, per evitare che secchi troppo.

Sezione 3. Contorni di tipo "E"

Ce1
100 g broccoli in foglia
sale, 1 cucchiaino olio di semi di girasole, ½ limone, aglio
Preparazione. Bollire i broccoli e condire con gli ingredienti sopra.

Ce2
150 g di asparagi
succo di mezzo limone
sale qb
Preparazione. Spezzare gli asparagi alla base, sin dove rimangono rigidi. Lavare le cime e disporle in una pentola per la cottura a vapore. Cuocere per 20 minuti. Scolare, condire con il succo di limone ed il sale, o con maionese di avocado (ricetta S17).

Ce3
100 g di spinaci congelati
1 spicchio d'aglio
Succo di mezzo limone
Pepe nero
Preparazione. Bollire e scolare gli spinaci in acqua salata. Condire con l'aglio tagliato in fettine e con il succo di limone

Ce4
150 grammi di cime di rapa
sale, limone, 1 cucchiaino olio di semi di girasole, aceto di mele, 1 spicchio aglio
Preparazione. Cuocere le rape al vapore per 15 minuti. Condire con olio, aglio, aceto e sale.

Ce5
150 g di patate
1 cucchiaio di parmigiano
1 cucchiaino di olio di semi di girasole
1 bicchiere di latte scremato
sale qb
Preparazione. Bollire le patate e schiacciarle bene con una forchetta od uno schiacciapatate. Versare la pasta in una pentola

alta ed aggiungere tutti gli altri ingredienti, a parte il formaggio. Mescolare bene finchè il composto si addensa. Aggiungere al termine il formaggio.

Ce6
100 g di cavolfiore
maionese speciale di avogado
½ limone
Preparazione. Bollire il cavolo sino a renderlo morbido. Quando è freddo condirlo con la speciale maionese di avogado (ricetta S17) e con il succo di limone

Ce7
100 g di cavolo cappuccio
sale
1 cucchiaino d'olio extravergine d'oliva
1 scorza di formaggio
Preparazione. Tagliare il cavolo cappuccio in listelle e disporre in una padella coperta, dopo aver aggiunto sale, olio ed un bicchiere d'acqua. Aggiungere anche la scorza di formaggio ed altra acqua se serve per completare la cottura. Stufare lentamente per 45-50 minuti. Servire caldo

Ce8
100 grammi di broccoli in fiore (cime di rapa)
1 cucchiaino d'olio di girasole
1 cucchiaio d'aceto di mele
sale
Preparazione. Bollire i broccoli sino a quando siano al dente. Condirli con gli altri ingredienti e servire tiepidi o freddi

Ce9
60 g fagioli di soia
sale
1 cucchiaino d'olio di girasole
succo di ½ limone
Preparazione. Bollire i fagioli di soia finchè siano morbidi. Condire con olio, sale e limone.

Ce10
70 g di lenticchie
1 cucchiaino d'olio di girasole
1 spicchio d'aglio

1 pizzico di rosmarino tritato
succo di ½ limone
Preparazione. Bollire le lenticchie in acqua aggiungendo l'aglio ed il rosmarino. Al termine della cottura utilizzare anche parte dell'acqua di cottura per produrre un battuto con l'olio ed il limone. Servire tiepide o calde.

Sezione 4. Piatti unici di tipo "E"

Te1
2 patate di media grandezza
1 scatoletta di carne da 75 g
1 cucchiaio di cipolla finemente tritata
Sala di soia
Cipolla
Preparazione. Bollire e spellare le patate. Aprire a metà e disporre in un piatto al centro della carne in scatola. Cospargere con la cipolla tritata e condire con alcune gocce di salsa di soia

Te2
200 g di patate
1 cucchiaino di prezzemolo tritato
20 g di provola tagliata in frammenti
½ bicchiere di latte scremato
1 fetta di prosciutto cotto tagliato in frammenti sottili
1 cucchiaino di olio extravergine d'olive
1 cucchiaino di burro
pane grattugiato
sale e pepe qb
Preparazione. Bollire le patate e schiacciarle. Mescolarle, in una terrina, con tutti gli altri ingredienti. Imburrare una piccola teglia e cospargerla con il pangrattato. Aggiungere il composto appena preparato in modo da formare uno strato omogeneo. Coprirlo di pangrattato. Infornare a 170 °C per 20-30 minuti.

Te3
1 avocado
2-3 foglie di insalata iceberg
1 carota tagliata a julienne
1 scatoletta di tonno da 75 grammi sgocciolata completamente
1 cucchiaino d'olio extravergine d'oliva
2 noccioline sbriciolate
sale qb
Preparazione. Lavare l'insalata e mescolare con le carote, l'avocado tagliato in pezzetti, l'olio ed il tonno sgocciolato.

Te4

150 g di cime di rapa
2 cucchiaini d'olio di semi di girasole
1 uovo
1 cucchiaio aceto balsamico
1 patata
Preparazione. Bollire le rape sino a completa cottura. Bollire la patata e tagliare in pezzi. Bollire l'uovo per renderlo sodo. Mescolare il tutto ed aggiungere sale, olio ed un cucchiaio d'aceto balsamico.

Te5

1 uovo sodo
5 foglie di incappucciata
5 fragole
succo di mezzo limone
1 carota tagliata a julienne
½ patata bollita
2 cucchiaini d'olio di semi di girasole
Preparazione. Lavare l'incappucciata e tagliare in listelli. Aggiungere la carota e la patata in pezzetti, oltre all'uovo sodo. Condire con olio e limone.

Te6

1 uovo
200 g di spinaci (anche congelati)
succo di mezzo limone
2 cucchiaini d'olio di semi di girasole
sale e pepe qb
Preparazione. Bollire gli spinaci e condirli con olio, sale e limone. A parte aprire l'uovo e disporlo in una tazza, coperta con un piattino. Disporre in microonde e cuocere per 2 minuti alla massima potenza. Disporre al centro degli spinaci e servire.

Te7

1 arancia
5 foglie di lattuga
2 noci
1 mozzarella da 100 g
maionese di avogado (ricetta S17)
2 cucchiaini d'aceto balsamico
1 cucchiaio di zenzero tritato finemente
1 carota

Preparazione. Lavare la lattuga e tagliare in listelle. Tagliare la carota ed aggiungere alla lattuga. Spellare l'arancia e tagliare in pezzetti. Aprire le noci e sminuzzare sull'insalata. Condire il tutto con la maionese d'avogado, lo zenzero fresco e l'aceto balsamico. Servire a lato della mozzarella.

Te8
70 g di riso basmati
1 cucchiaino di coriandolo
1 cucchiaino di curcuma
1 cucchiaino di zenzero tritato finemente
1 spicchio d'aglio triturato
½ zucchina
½ carota
70 grammi di petto di pollo ridotto in piccoli frammenti
1 cucchiaino d'olio d'oliva
sale q.b.

Preparazione. In una padella lasciar rosolare il petto di pollo nell'olio aggiungendo se serve dell'acqua. Aggiungere curcuma, zenzero, coriandolo, e poi l'aglio, la zucchina e carota tagliate in minuscoli frammenti. Cuocere bene aggiungendo acqua se serve. A parte coprire il riso con l'acqua e lasciar cuocere per 10 minuti senza girare finchè tutta l'acqua sia assorbita. Poi spegnere la fiamma e lasciare coperto per altri 10 minuti. Mescolare il riso così ottenuto con il composto nella padella e servire subito.

Te9
2 pomodori rossi da insalata
1 mozzarella da 100 g
1 cucchiaino d'olio di semi di girasole
2 foglie di basilico
1 pizzico di origano
sale qb
Preparazione. Lavare e tagliare a listelli i pomodori. Tagliare la mozzarella in pezzetti. Mescolare con i condimenti e gli aromi sopra citati e servire fredda.

Te10

2 patate di media grandezza
1 scatoletta di carne da 75 g
1 cucchiaio di cipolla finemente tritata
Salsa di soia
1 cucchiaino d'olio di semi di girasole

Cipolla

Preparazione. Bollire e spellare le patate. Aprire a metà e disporre in un piatto al centro della carne in scatola. Cospargere con la cipolla tritata e condire con alcune gocce di salsa di soia

Te11

250 g di polpo

sale e pepe qb

1 carota

sedano

1 cipolla

succo di ½ limone

1 cucchiaino di prezzemolo

1 cucchiaino d'olio di semi di girasole

Preparazione. Lessare il polpo pulito e mescolare con carote, sedano e cipolla tritati. Pressare il tutto dentro una bottiglia e lasciare raffreddare in frigo. Tagliare a fette sottili e condire con olio, limone e prezzemolo.

Te12

200 g minestrone congelato

1 uovo

1 cucchiaino d'olio di semi di girasole

1 scorza di parmigiano

Preparazione. Bollire il minestrone insieme alla scorza di cacio. Al termine della cottura aggiungere l'olio a freddo e l'uovo aperto direttamente nel minestrone bollente.

Sezione 5. Frutta di tipo "E"

Si consiglia uva, frutti tropicali, arance, albicocche, pesche, ciliegie, nespole, mele, mango, mandarini, arance rosse, pompelmi, nettarine, cocomero, uva, fragole, pere verdi, banane, noci, mirtilli

Tisane di tipo "E"

Varie tisane ma anche integratori alimentari in capsule (reperibili in qualsiasi erboristeria) possono aiutare a tenere alto l'umore ed in particolare quelle a base di Moringa oleifera, camomilla, Griffonia, Rodiola, Melissa, Valeriana, Biancospino e Tiglio. Varie tisane che associano gli effetti benefici di melissa, valeriana, biancospino e tiglio sono disponibili al supermercato in comode bustine monouso. Suggeriamo di assumerne almeno una ogni sera. Anche tisane che contengano estratti di frutti rossi e frutti di bosco sono utilissime allo scopo.

Tutti questi ingredienti sono facilmente reperibili in erboristeria ed, in generale, occorre tenerli in infusione una decina di minuti prima di filtrare, a meno che l'erborista non fornisca istruzioni diverse.

NOTE DEL LETTORE

4. Ricette valide per tutte le diete

Sezione 1. Contorni

C1
2 carote tagliate a julienne in frullatore.
Limone, sale, jalapenho, pepe nero
Preparazione. Mescolare le carote con il succo di ½ limone, due gocce di Jalapenho, pepe nero, salare. Non occorre olio.

C2
75 g fagiolini congelati
Limone, sale, un cucchiaino d'olio oliva
Preparazione. Cuocere al vapore i fagiolini per 15 minuti ancora congelati. Aggiungere sale, limone, olio.

C3

4-5 foglie di lattuga
1 cucchiaino d'olio d'oliva. Sale
Preparazione. Lavare e condire la lattuga

C4
1 indivia
1 cucchiaino d'olio d'oliva. Sale
Preparazione. Lavare l'indivia. Tagliare a rondelle. Salare e condire.

C5
2 carote
aglio, prezzemolo, sale, aceto, 1 cucchiaino d'olio d'oliva
Preparazione. Bollire le carote. Spellare. Tagliare a rondelle e condire con aglio prezzemolo e olio

C6
2 zucchine
aglio, prezzemolo, sale, aceto, 1 cucchiaino d'olio
Preparazione. Cuocere le zucchine al vapore per 10 minuti. Tagliare in listelle e condire con gli ingredienti sopra.

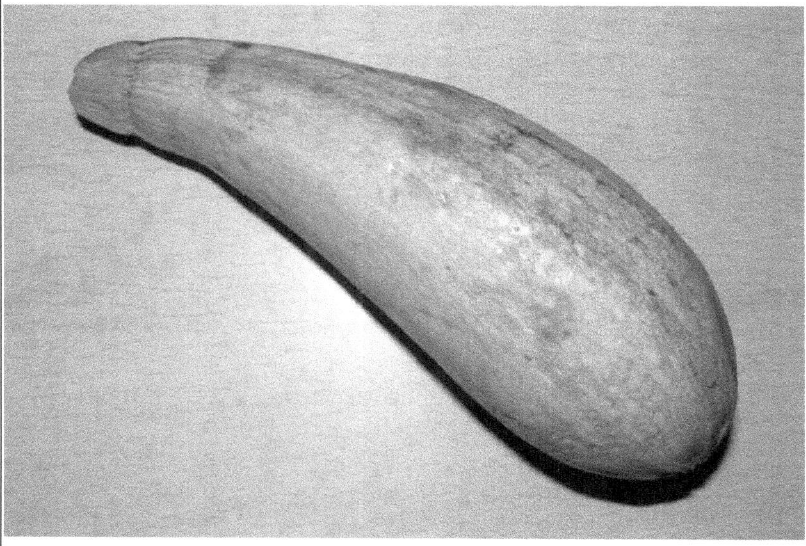

C7
1/2 finocchio
sale, 1 cucchiaio d'aceto

Preparazione. Tagliare a fettine e condire con aceto e sale, senza olio

C8
1 carciofo (o 4 cuori di carciofi congelati)
1 cucchiaino d'olio d'oliva, prezzemolo, aglio, sale
Preparazione. Pulire il carciofo e bagnare in succo di limone per 10 minuti. Sistemare sul fondo di una padellina con aglio, prezzemolo, sale, olio ed un mestolo d'acqua. Coprire e stufare per 15-20 minuti

C9
150 grammi di cime di rapa
sale, limone, 1 cucchiaino olio, aceto, 1 spicchio aglio
Preparazione. Cuocere le rape al vapore per 15 minuti. Condire con olio, aglio, aceto e sale.

C10
1 indivia
sale, pepe, 1 cucchiaino d'olio, 1 cucchiaio d'aceto di mele ed eventualmente pepe
Preparazione. Tagliare l'indivia in 4 parti di lungo. Disporre su una piastra calda e girare un paio di volte per cuocerla da tutti i lati. Condire con olio, aceto, sale o pepe.

C11
3 foglie incappucciata
Sale, 1 cucchiaio d'aceto
Preparazione. Lavare, tagliare, salare ed aggiugere l'aceto, senza olio

C12
25 g di sedano
1 pomodoro insalata poco maturo
1 spicchio di cipolla. 1 cucchiaino d'olio
Preparazione. Lavare il sedano e il pomodoro. Tagliare tutto a listelli e condire con sale e olio

C13
½ melanzana
sale, pepe, limone, aglio, 1 cucchiaino d'olio

Preparazione. Tagliare la melanzana a fettine sottili. Grigliare su piastra sui due lati a fiamma alta. Aggiungere sale, olio, pepe e aglio tritato

C14
100 g broccoli
sale, 1 cucchiaino olio, ½ limone, aglio
Preparazione. Bollire i broccoli e condire con gli ingredienti sopra.

C15
30 g germogli di soia in scatola
1 carota tagliata alla Julienne
1 cucchaino d'olio, sale, ½ limone
Preparazione. Mescolare i germogli di soia con le carote e condire.

C16
150 g di spinaci congelati
1 spicchio d' aglio

Succo di mezzo limone
Pepe nero
Preparazione. Bollire e scolare gli spinaci in acqua salata. Condire con l'aglio tagliato in fettine e con il succo di limone

C17
150 g di fagiolini congelati
1 spicchio d'aglio
1 cucchiaio di aceto
Salsa di soia
Preparazione. Cuocere al vapore i fagiolini sino a quando risultino cotti al dente (teneri ma croccanti). Disporre in un piatto aggiungendo la salsa di soia, l'aceto e l'aglio tagliato in fettine.

C18
150 g di asparagi
succo di mezzo limone
sale q.b.

Preparazione. Spezzare gli asparagi alla base, sin dove rimangono rigidi. Lavare le cime e disporle in una pentola per la cottura a vapore. Cuocere per 20 minuti. Scolare, condire con il succo di limone ed il sale, o con maionese di avocado (ricetta S17).

C19
150 g di cipolline novelle
2 cucchiai d'aceto
1 cucchiaino d'olio extravergine d'oliva
1 cucchiaino di zucchero
1 cucchiaino di curcuma

sale q.b.

Preparazione. Spellare le cipolline e lavarle. Disporle in una padella larga aggiungendo l'olio, il sale, mezzo bicchiere d'acqua, curcuma e l'aceto. Coprire e cuocere a fuoco lento per circa 45 minuti, rimestando di tanto in tanto. Se si nota che l'acqua è evaporata se ne aggiunge dell'altra fino a completa cottura. Dieci minuti prima di spegnere si aggiunge anche lo zucchero e si riaggiusta il sale. Si possono mangiare calde o fredde.

C20

2 zucchine di media grandezza
5-6 foglie di menta
2 cucchiaini d'olio di semi di girasole
2 cucchiai d'aceto
sale q.b.

Preparazione. Tagliare le zucchine a rondelle di circa 4 mm e disporle su una piastra bollente per farle imbiondire da entrambi i lati. Al termine disporle in una terrina ed aggiungere l'olio, l'aceto, il sale e la menta. Lasciare macerare per qualche ora (anche una notte) prima di mangiare.

C21

1/2 melanzana tagliata a dadini
1 cucchiaio di funghi sottolio
1 cucchiaino di zenzero tritato
1 cucchiaino di sedano e prezzemolo tritati
pepe nero
sale q.b.

Preparazione. disporre i dadini di melanzana in una padella antiaderente e cuocere da ogni lato sino a renderli biondi. Mescolarli con i funghi ben sgocciolati dall'olio, sale, sedano, prezzemolo e zenzero.

C22

1/2 peperone rosso
1 patata
1 zucchina tagliata a fette sottili
1 piccola cipolla
1 cucchiaio di aceto balsamico
1 cucchiaino di olio extravergine di oliva
1 spicchio d'aglio tritato
1 cucchiaino di prezzemolo tritato
sale e pepe q.b.

Preparazione. su un testo o una bistecchiera molto calda disporre i vegetali e grigliarli dai due lati. Aggiungere tutti i condimenti e mescolare bene. Lasciar insaporire 1 o 2 ore prima di mangiare.

C23

2 patate
1/2 bicchiere di latte
20 g di parmigiano grattugiato
sale e pepe q.b.

Preparazione. Bollire e spellare le patate. Schiacciarle bene e mescolarle con latte e parmigiano. Aggiungere sale e pepe e passare rapidamente in un tegame caldo per evaporare il liquido in eccesso, sino ad ottenere una purea leggera e vellutata.

C24

1 patata

1/2 cucchiaino di Curcuma
1 cucchiaino di olio di semi di girasole
sale e pepe q.b.

Preparazione. Disporre le patate tagliate a fette rotonde su una griglia rovente e grigliarle da entrambi i lati. Spolverare con curcuma, sale e pepe. Al termine della cottura aggiungere l'olio.

NOTE DEL LETTORE:

Sezione 2. Piatti unici validi per tutte le diete

T1

1 carota, 4 foglie di incappucciata iceberg, 50 g mozzarella (1 bocconcino circa), 1 spicchio di cipolla, 50 g di tonno sgocciolato per 10 minuti in un passino, 4 olive verdi, 25 g sottaceti giardiniera, 1 listello di sedano
1 cucchiaino d'olio d'oliva, sale, 1 limone
Preparazione. Lavare tutti i vegetali e tagliare. Le carote vanno tagliate a julienne. Mescolare e condire.

T2
4 fette di bresaola di manzo
1 carota tagliata a julienne
2 foglie di lattuga
1 cucchiaino d'olio
2 gocce jalapenho
½ limone, sale, pepe, prezzemolo

Preparazione. Disporre su un piatto le fette di bresaola. Poggiare sopra la lattuga tagliata e le carote. Condire con olio, sale, limone e jalapenho

T3
250 g di polpo
sale, pepe, 1 carota, sedano, 1 cipolla, limone, prezzemolo, i cucchiaino d'olio
Preparazione. Lessare il polpo pulito e mescolare con carote, sedano e cipolla tritati. Pressare il tutto dentro una bottiglia e lasciare raffreddare in frigo. Tagliare a fette sottili e condire con olio, limone e prezzemolo.

T4
300 grammi di merluzzo (anche congelato)
½ limone
1 patata
sale, pepe, 1 cucchiaino d'olio
Preparazione. Bollire la patata ed il merluzzo. Pulire il merluzzo e tagliare la patata a fette. Mescolare e condire con limone, olio, sale e pepe

T5
250 g di baccalà
sale, pepe, 1 cucchiaino d'olio, prezzemolo tritato ½ limone, 4 foglie di incappucciata
Preparazione. Lavare l'incappucciata e disporre su un piatto. Bollire il baccalà e pulirlo tagliandolo nei miomeri. Condire con gli altri ingredienti ed aggiungere alla fine il limone.

T6
6 foglie di lattuga
1 acciuga
1 carota tagliata a julienne
1 uovo sodo
1 cucchiaino d'olio, sale, pepe, 2 gocce jalapenho
Preparazione. Tagliare la lattuga lavata. Aggiungere l'acciuga tagliata in filetti, l'uovo sodo in fettine, la carota e condire con tutti gli altri ingredienti.

T7
200 g minestrone congelato
1 uovo

1 cucchiaino d'olio
1 cucchiaino di parmigiano grattugiato.
Preparazione. Bollire il minestrone. Al termine della cottura aggiungere l'olio e l'uovo aperto direttamente nel minestrone bollente.

T8
6-7 foglie di incappucciata iceberg
1 indivia
1 arancia
1 noce
30 g di Maasdammer tagliato in piccoli dadini
1 cucchiaino d'olio, limone, sale, 1 cucchiaino di ginger tritato
Preparazione. Lavare l'incappucciata e tagliare. Aggiungere l'indivia tagliata a rondelle, l'arancia tagliata in piccoli pezzi, la noce totalmente sbriciolata ed il formaggio. Condire con gli altri ingredienti.

T9
2 fette di prosciutto crudo privato del grasso
150 g di provola
60 g fagioli in scatola
1 cucchiaino d'olio d'oliva, sale, cipolle, ½ limone
Preparazione. Passare la provola sulla piastra 2-3 min sino a leggera fusione. Disporre su un piatto coperta con le fette di prosciutto. Disporre intorno i fagioli conditi con cipolla finemente tritata, olio e limone

T10
1 scatoletta di tonno all'olio sgocciolata 10 minuti in un passino
100 g di fagioli in scatola
1 cipolla
1 cucchiaino d'olio
2 fusti di sedano
Preparazione. Tagliare il sedano e mescolare con tonno e fagioli. Salare, condire ed aggiungere il succo di ½ limone.

T11
150 g di fagiolini bolliti
1 picchio d'aglio
1 scatoletta di carne da 75 g (privata di ogni forma di grasso)
1 patata di media grandezza
1 cucchiaino d'olio

Sale e pepe qb
Preparazione. Bollire i fagiolini e la patata. Tagliare la patata a pezzi. Mescolare ai fagiolini ed alla carne in scatola. Condire con olio, sale ed aglio. Aggiungere pepe, se piace, e 2 gocce di succo di Jalapenho.

T12

2 patate di media grandezza
1 scatoletta di carne da 75 g
1 cucchiaio di cipolla finemente tritata
Salsa di soia
Cipolla
Preparazione. Bollire e spellare le patate. Aprire a metà e disporre in un piatto al centro della carne in scatola. Cospargere con la cipolla tritata e condire con alcune gocce di salsa di soia

T13

1 grosso carciofo del tipo "mammarella"
1 spicchio d'aglio triturato
1 cucchiaio di prezzemolo triturato
Sale qb
1 cucchiaino d'olio d'oliva
Preparazione. Privare il carciofo delle ultime foglioline, lavarlo e maneggiarlo in modo da allargare le foglie al centro. Introdurre nel centro l'aglio ed il prezzemolo, poi richiudere bene. Disporlo coperto d'acqua in una pentola e bollire per 30 minuti. A termine della cottura disporre in un piatto e versare al centro il cucchiaino d'olio. Le foglie si staccano e si fanno passare tra i denti per strappare la parte carnosa. Al termine la base si priva della peluria con un coltello e si mangia in quarti.

T14

300 g di verza cappuccina
1 cucchiaino d'olio extravergine d'oliva
1 crosta di cacio
1 cucchiaio da cucina di parmigiano grattugiato
Sale qb
Preparazione. Lavare la verza e tagliarla in sottili listelli. Disporli in una padella con un bicchiere d'acqua, l'olio ed il sale. Aggiungere la crosta di cacio ben pulita e lavata. Coprire e lasciare stufare per circa 1 ora a fuoco lento, aggiungendo acqua se necessario. Al termine della cottura aggiungere il parmigiano grattugiato ed eventualmente un pizzico di pepe nero, se gradito.

T15
3 carote di media grandezza
Salsa di soia
1 uovo
Succo di mezzo limone
Preparazione. Pelare le carote e passare in un "food processor" per rendere alla Julienne. Disporre in un piatto piano. Bollire l'uovo per 15 minuti lasciarlo raffreddare e sgusciare. Dopo averlo tagliato in tocchetti disporlo sulle carote. Condire con la salsa di soia e con il succo di limone.

T16

1 orata da 200 g
200 g di patate
1 cucchiaino d'olio di semi di girasole
1 spicchio d'aglio
1 cucchiaino di prezzemolo tritato
1 cucchiaino di zenzero grattugiato
1 cucchiaino di curcuma in polvere
sale q.b.
Preparazione. Pulire ed eviscerare l'orata. Sbucciare le patate e tagliarle in tocchetti da cuocere per 10 minuti al vapore. Disporre l'orata su un foglio di carta alluminio, disponendo al suo interno lo spicchio d'aglio ed il prezzemolo. Disporre tutto intorno le patate parzialmente cotte al vapore. Salare e spolverare con curcuma e zenzero. Chiudere il fagotto ed infornare per 15-20 minuti a 180°C. Al termine della cottura versare l'olio di girasole sulle patatae, deliscare il pesce e disporre in un piatto a fianco delle patate condite.

T17
1 melanzana tonda
1 pomodoro da insalata
150 g di mozzarella di bufala
sale q.b.
1 foglia di basilico
Preparazione. Lavare e tagliare in fette circolari la melanzana. Disporre le fette su una piastra bollente per cuocere dai due lati. Preparare dei sandwich inserendo tra due fette di melanzane 1 fetta di pomodoro ed una sottile di mozzarella, con una foglia di basilico. Aggiungere sale e disporre i sandwich rapidamente sulla

piastra per favorire una parziale fusione della mozzarella. Mangiare calde o fredde.

T18
1 melanzana lunga
200 g di ricotta
1 fetta di prosciutto crudo tagliata in minuscoli frammenti
25 g di parmigiano grattugiato
3 pomodorini dolci
foglie di basilico
pepe nero e sale q.b.
Preparazione. Cuocere dai due lati 6 fette di melanzana su una piastra rovente. A parte mescolare la ricotta con formaggio, sale, pepe e prosciutto crudo. Avvolgere un paio di cucchiai di questo impasto di ricotta in ogni fetta di melanzana e ornare con foglie di basilico e pomodorini.

T19
100 grammi di zucchine
150 grammi di ricotta fresca
1 buccia di limone grattugiata
2 cucchiaini di olio extravergine d'oliva
20 g di parmigiano grattugiato
foglie di menta
sale e pepe q.b.
Preparazione. In un tegame basso versare l'olio e quando è ben caldo aggiungere le zucchine tagliate a pezzetti e farle rosolare. A parte mescolare la ricotta con la buccia di limone grattugiata, la menta finemente tritata ed il parmigiano grattugiato. Lasciar raffreddare le zucchine rosolate e mescolarle al composto di ricotta. Disporre sul fondo di un tegamino di alluminio una carta da forno dopo averla bagnata con acqua e strizzata. Ricoprire la carta da forno di pangrattato e versarvi dentro il composto di ricotta e zucchine. Cuocere a 180 gradi per 15 minuti. Poi grigliare per altri 5 minuti prima di lasciar raffreddare per staccare bene dalla carta da forno.

T20
1 peperone rosso o giallo
150 grammi di ricotta fresca
1 cucchiaino di olio extravergine d'oliva
un pizzico di paprica dolce
un pizzico di origano

15 grammi di parmigiano grattugiato
sale e pepe q.b.
Preparazione. Disporre il peperone sotto la griglia in formo e ruotalo varie volte per circa 20 minuti sino a che sia completamente arrostito. In alternativa, disponilo a fianco alla fiamma di un fornello ruotandolo spesso sino a bruciare la pelle. Spellarlo bene e lavarlo. In una teglia mescolare la ricotta con parmigiano, paprica, origano, formaggio, sale e pepe. Utilizzare il composto per farcire il peperone, quindi arrotolarlo bene per formare un involtino. Disporre ora l'involtino in una padella bagnata con olio d'oliva ed a fuoco lento grigliare bene per 10-15 minuti sino a renderlo sodo. Salare e servire.

T21
50 grammi di pasta integrale
1 cetriolo sottaceto
1 uovo
1 peperone sottolio
alcune olive nere
1 cucchiaio di capperi
un pizzico di curcuma in polvere
1 cucchiaino di prezzemolo tritato
2 cucchiaini di olio extravergine d'oliva
sale e pepe q.b.
Preparazione. Bollire e scolare al dente la pasta. Rendere sodo l'uovo e sbucciarlo. Tagliare a listelli peperone e cetriolo. Mescolare tutti gli ingredienti e unirli alla pasta. Lasciare raffreddare prima di servire.

T22
100 g di fiocchi di latte
1 uovo
2 patate medie
1 cucchiaino di prezzemolo tritato
1 cucchiaino di parmigiano grattugiato
1 cucchiaino di curcuma
sale e pepe q.b.
Preparazione. Bollire l'uovo sino a renderlo sodo. Sbucciarlo e ragliarlo in quattro parti. Bollire le patate, sbucciarle e tagliarle a fettine. Disporre le fettine su un foglio di carta da forno, spolverare con sale, parmigiano, pepe e curcuma e grigliare in forno per 10 minuti. Al termine disperdere sulle patate il prezzemolo tritato. Disporre il tutto in un piatto a lato dei fiocchi di latte.

Sezione 3. Frutti validi per tutte le diete

Sono ammessi quasi tutti i frutti, con preferenza per:
- arance
- nespole
- ananas
- clementine
- albicocche
- pesche
- fragole
- lamponi
- cocomero
- mele
- pere
- mandarini o clementine
- Tutti gli altri agrumi, specialmente i pompelmi

Nel caso di diete dimagranti, evitare se possibile banane, kiwi, fichi, loti, frutta secca di ogni genere, e frutti molto zuccherini. Questi sono utili eventualmente per diete con influenza sull'umore, nelle diete per irrobustire il sistema immunitario o nelle diete ricostituenti.

Sezione 4. Dolci

Dolci? Ma siamo impazziti? In effetti una dieta dimagrante non dovrebbe contenere dei dolci e, difatti, non abbiamo considerato questi alimenti nella lista che compone le diverse diete tese a ridurre il peso (potremmo considerarli semmai in altri tipi di regimi dietetici). Eppure una dieta, compresa quella dimagrante, non dev'essere mai considerata come un sacrificio terribile, altrimenti si ingrassa... a causa dello stress. E allora, se proprio sentite il bisogno di un dolcetto, se di tanto in tanto sentite proprio il bisogno di rompere la monotonia (ma che non divenga un'abitudine!), se siete in compagnia di amici e desiderate dare un tocco di colore (e sapore) alla serata, ecco una lista di dolci e gelati che potrete di tanto in tanto gustare, senza produrre danni irreparabili. Tuttavia, lo ripetiamo, il dolcetto deve costituire un "premio" *una tantum*, non la regola del dopo-pranzo. Inoltre, suggeriamo vivamente di considerare questa lista solo quando avrete cominciato a notare miglioramenti del vostro stato fisico non... al primo giorno di dieta!

D1
250 grammi di farina
1 bustina di lievito per torte
100 g di zucchero
80 ml di olio di semi di girasole
1 buccia di limone
2 uova
200 ml di latte
2 cucchiai di zenzero finemente tritato
1 pizzico di sale
Preparazione. In una terrina disporre la farina con un buco al centro aggiungendo lo zucchero, il sale e lo zenzero. Sbattere le uova a neve in un'altra terrina ed aggiungere il latte, l'olio e la buccia di limone finemente grattugiata. Versare il composto al centro del cumulo di farina ed amalgamare il tutto progressivamente con una frusta sino ad ottenere un composto omogeneo. Versare il tutto in un ruoto di alluminio imburrato o, meglio, di silicone non imburrato, e cuocere per 35-40 minuti a 180°C.

D2

250 grammi di farina
1 bustina di lievito per torte
100 g di zucchero
80 ml di olio di semi di girasole
1 buccia di limone
2 uova
200 ml di latte
1 cucchiaio di cannella
1 pizzico di sale

Preparazione. In una terrina disporre la farina con un buco al centro aggiungendo lo zucchero, il sale e la cannella. Sbattere le uova a neve in un'altra terrina ed aggiungere il latte, l'olio e la buccia di limone finemente grattugiata. Versare il composto al centro del cumulo di farina ed amalgamare il tutto progressivamente con una frusta sino ad ottenere un composto omogeneo. Versare il tutto in un ruoto di alluminio imburrato o, meglio, di silicone non imburrato, e cuocere per 35-40 minuti a 180°C.

D3

100 ml di latte magro
1 cucchiaino di cacao amaro
1 mela
1 cucchiaio di farina di mandorle
2 cucchiai di fiocchi d'avena
1 cucchiaio di zucchero

Preparazione. scaldare il latte in un tegamino ed aggiungere tutti gli ingredienti, esclusa la mela. Quando il composto è omogeneo frullare la mela in un contenitore da minipimer, quindi aggiungere il composto ancora tiepido e frullare ancora sino ad ottenere una crema ben amalgamata. Si può consumare in piccole coppette, dopo aver spolverato con cacao amaro, sia tiepida sia fredda.

D4

50 grammi di fragole
50 grammi di pera
1 cucchiaino di zucchero di canna
1 cucchiaino di ginger tritato
1 cucchiaino di farina di mandorle

Preparazione. Pulire la pera, eliminare i semi, porre con tutti gli altri ingredienti in un mixer e frullare sino ad ottenere una crema omogenea. Disporre questa crema in una o due coppette e lasciare in congelatore per alcune ore, sino ad ottenere un sorbetto delicato.

D5
50 grammi di fragole
50 grammi di pera
1 cucchiaino di zucchero di canna
1/2 cucchiaino di peperoncino piccante (se piace)
1 cucchiaino di farina di mandorle
Preparazione. Pulire la pera, eliminare i semi, porre con tutti gli altri ingredienti in un mixer e frullare sino ad ottenere una crema omogenea. Disporre questa crema in una o due coppette e lasciare in congelatore per alcune ore, sino ad ottenere un sorbetto delicato.

D6
2 fette di ananas
1 cucchiaino di zucchero
1/2 cucchiaino di cannella
Preparazione. Disporre le fette di ananas su una piastra ben calda e lasciar grigliare da entrambi i lati. Quando il colore diviene giallo-bruno spolverare con lo zucchero e la cannella e lasciar caramellare.

D7
1 kg di mele
150 g di zucchero
150 g di farina
mezzo bicchiere di latte
1 cucchiaio di margarina low fat
1 uovo
1 bustina di lievito per dolci
1 bustina di vaniglia
Preparazione. Sbattere l'uovo a neve. Aggiungere lo zucchero, la farina, il latte ed infine il lievito. Tagliare le mele a dadini dopo averle lavate e sbucciate e mescolare col composto appena preparato. Imburrare una teglia con la margarina low fat od utilizzare una teglia di silicone. Versare il composto appena preparato ed introdurre in forno pre-riscaldato a 180°C per 40 minuti. Controllare la cottura con uno stuzzicadenti. Ovviamente se ne potrà mangiare una fetta, per congelare il resto in piccole porzioni.

D8

1 cucchiaio di marmellata di arance amare al naturale (senza zuccheri)
4 cubetti di ghiaccio
1 cucchiaino di zenzero tritato
2 foglie di menta
Preparazione. Tritare il ghiaccio, poi mescolare con tutti gli altri ingredienti in un mixer e frullare alla massima potenza sino ad ottenere un composto frappato. Si può versare in coppette di vetro ed ornare con foglioline di menta, da servire come dessert, oppure disporre in congelatore per trasformarlo in un ottimo sorbetto.

D9

100 g di melone bianco
1 cucchiaino di zucchero
1 pizzico di pepe nero
1 cucchiaino di gelatina in polvere
Preparazione. Frullare il melone insieme allo zucchero ed al pepe. Spostare il composto in un pentolino ed aggiungere la gelatina in polvere. Portare ad ebollizione, poi versare in una coppetta e lasciar raffreddare in frigo per un paio d'ore. Può essere decorato con foglie di menta.

D11

4 savoiardi
1 tazza di orzo
1 coppetta (70 g) di yogurt magro alla vaniglia
1 cucchiaio di liquore Alchermes diluito in un bicchiere d'acqua
1 cucchiaio di cacao
Preparazione. In una coppetta larga disporre 2 savoiardi imbevuti nell'orzo. Coprirli con un paio di cucchiai di yogurt. Aggiungere un secondo strato di savoiardi imbevuti in acqua ed alchermes. Aggiungere ancora un cucchiaio di yogurt preventivamente mescolato col cacao. Conservare in frigo un paio d'ore prima di consumarlo.

D12

2 albicocche mature
1 cucchiaino di zenzero tritato
1 cucchiaio di ricotta magra
2 cucchiaini di zucchero vanigliato

Preparazione. Frullare le albicocche ed aggiungere lo zenzero. Disporre il composto in due coppette. Aggiungere la ricotta preventivamente mescolata bene con lo zucchero vanigliato, dividendola nelle due coppette. Spolverare ancora con zenzero e conservare in frigo almeno un'ora prima di consumare.

D13

3 amaretti
1 cucchiaio di yogurt magro
1 cucchiaio di cacao amaro

Preparazione. Sbriciolare 3 amaretti in una coppetta. Aggiungere 1 cucchiaio di yogurt magro alla vaniglia ed un cucchiaio di cacao amaro. Mescolare bene il tutto e sbriciolare sulla superficie ancora mezzo amaretto, poi un pizzico di cacao. Conservare in frigo prima di consumare.

D14
Frullati

Preparazione. Tutti i frullati di frutta sono benvenuti e le ricette sono limitate solo dalla vostra fantasia. Provate a frullare pesche e cetrioli, oppure ciliegie, limone e basilico, o ancora sedano e papaia, albicocche e ravanelli o qualsiasi altro frutto che faccia al caso vostro. Sperimentate! Oppure gustate ricette più classiche, fatte di banana, mela, ciliegie, pesche, ananas. La frutta è un'ottima fonte di vitamine e sali minerali e, dovendo proprio eccedere, un frullato costituirà allo stesso tempo un premio ed una aggiunta utile per la dieta.

NOTE DEL LETTORE

Sezione 5. Tisane e spuntini

La dieta, soprattutto quella di tipo "C", contiene necessariamente molte fibre, che possono influire sulla funzionalità gastrica ed intestinale. Per contrastare il loro effetto su una eventuale colite, anche latente (meteorismo, gonfiori, ecc) ci basiamo sull'azione di:
- probiotici (Yogurt ogni mattina)
- test intolleranze alimentari (eventualmente da eseguire)
- frequente uso di spezie ed alimenti protettori del colon (es. coriandolo), limone e pompelmo
- tisane

Le tisane sono utilizzabili in modo indiscriminato in qualsiasi tipo di dieta. Quelle di tipo "C" sono consigliabili soprattutto in caso di disturbi intestinali. Quelle di tipo "G" sono utilizzabili comunque per qualsiasi dieta. Per le diete di tipo "E" sono state consigliate delle tisane "ad hoc" a causa della particolare importanza che esse assumono in quel tipo di regime alimentare destinato a modificare l'umore. Per le altre diete ci si potrà riferire a quanto segue.

Tisana tipo C: di Malva, rinfrescante

Suggeriamo di acquistare foglie e fiori di malva, in erboristeria.
Preparazione. Macerato a freddo di malva, un'erba dall'azione emolliente, antinfiammatoria e regolarizzante per l'intestino. Si lascia in infusione per 2 ore in acqua a temperatura ambiente un cucchiaio di malva per ogni tazza d'acqua. Per la preparazione, si lasciano in infusione foglie e fiori per almeno 2 ore, meglio se per tutta la notte, filtrando il mattino successivo. Si conserva la tisana in una bottiglia da mezzo litro, anche in frigorifero, per un paio di giorni. Suggeriamo di non zuccherare (soprattutto nelle diete di tipo C). Se proprio non si riesce a farne a meno, aggiungere solo mezzo cucchiaino di fruttosio per tazza.

Tisana tipo C: di semi vari, contro il meteorismo

In erboristeria o in farmacia si deve acquistare già pronta o far preparare appositamente una miscela di semi carminativi nelle seguenti quantità:

- 30 g finocchio semi
- 30 g coriandolo semi
- 20 g cumino semi
- 20 g anice verde semi.
- foglie di menta piperita, eventualmente fresche

Preparazione. Mettere un cucchiaio della miscela di semi in un pentolino pieno d'acqua fredda e lasciate bollire per cinque minuti. Spegnere, aggiungere alcune foglie di menta, coprire per non lasciar disperdere le sostanze aromatiche volatili e lasciare riposare il tutto per dieci minuti. Quindi filtrate e consumare subito o conservare in frigorifero. Non aggiungere dolcificanti, non necessari, vista la presenza di erbe che rendono naturalmente gradevole il gusto di questa tisana.
I semi promuovono l'eliminazione dei gas intestinali contrastando il meteorismo e aiutano anche ad alleviare i dolori addominali. Particolarmente efficace contro meteorismo e pancia gonfia.

Tisana di tipo C: di tiglio, rinfrescante e calmante

Acquistare delle foglie di tiglio in erboristeria.

Preparazione. Macerare per un'ora un cucchiaio di foglie in acqua calda. Filtrare e conservare. La sera, prima di andare a letto, può essere utile tale tisana anche fredda se occorre. Se possibile senza aggiunta di zuccheri, altrimenti con mezzo cucchiaino di fruttosio.

Tisana di tipo G: coadiuvante

Acquistare in erboristeria:

10 grammi di fucus (l'alga intera)

10 grammi di bardana

5 grammi di semi di finocchio

5 grammi di foglie di the verde

Preparazione. Mettere tutti gli ingredienti secchi in un pentolino con 100 ml di acqua fredda e far bollire per 10 minuti. Spegnere poi il fuoco ma si lasciare in infusione per altri 10 minuti. A questo punto filtrare premendo bene le erbe con un cucchiaino sul fondo di un passino. Si può bere tiepida, anche con l'aggiunta di mezzo cucchiaino di fruttosio.

Infuso di tipo G: the verde (purificante)

Acquistare il the verde in erboristeria o al supermercato.

Preparazione. Bollire una tazza d'acqua in un pentolino. Aggiungere un cucchiaino di the verde. Dopo 2-3 minuti filtrare e bere senza zucchero, caldo o freddo.

Tisana di tipo G: rilassante

Mescolare in parti uguali Centella asiatica, Rusco e Rosa canina. Versarne un cucchiaio in acqua bollente per 10 minuti. Filtrare e bere non zuccherata, oppure con l'aggiunta di pochissimo miele.

Tisana di tipo G: dimagrante

2 cucchiaini di zenzero fresco tritato

4 cucchiaini di piccioli di ciliegia

1 cucchiaino di uvetta passita

Preparazione. Disporre tutti gli ingredienti in una teiera, aggiungere acqua bollente e lasciare in infusione per 15 minuti. Si filtra e si bene fredda, senza zuccherare.

Tisana di tipo C: snellente

2 cucchiaini di semi di anice

2 cucchiai di radice di bardana

2 semi di anice stellato

Preparazione. Disporre gli ingredienti in una teiera. Aggiungere l'acqua bollente e lasciare in infusione per 10 minuti prima di filtrare e conservare in frigo. Può essere bevuta per tutto il giorno.

5. Conclusioni

Luce, calorie, varie forme di energia: sono tutte entità in grado di trasformarsi in materia... grassa! Certo non riusciremo ad ingrassare semplicemente esponendoci al sole, ma quanto riportato nelle pagine precedenti dovrebbe aver chiarito il concetto di base. Esistono relazioni dirette, esprimibili in una semplice equazione, che determinano in che direzione state andando. Volete ingrassare o dimagrire? In entrambi i casi dovrete agire sui due parametri controllabili dell'equazione, ovvero, la quantità di energia che ingerite e quella che consumate con le vostre attività quotidiane.

Non riuscirete ad incrementare il vostro peso di un solo grammo, se vi muovete tantissimo, neppure ingerendo grandi quantità di cibo. Eppure, non riuscirete a dimagrire pur mangiando pochissimo, se le vostre attività giornaliere si limitano ad un paio di passeggiate in soggiorno. Niente trucchi, niente inganni: non esistono ricette segrete.

Utilizzando però delle combinazioni di ingredienti che riescano a farvi sentire "quasi" sazi e limitando la quantità di calorie ingerite, ammesso che le attività fisiche quotidiane siano sufficienti, non dovrebbe essere difficile invertire il trend fisiologico che vi conduce a prendere peso. Ecco perché il nostro metodo vi fornisce anche delle ricette, non semplicemente degli ingredienti da pesare, allo scopo di assicurare le migliori probabilità di riuscita. Ovviamente il risultato finale dipenderà solo da voi: motivo in più per diffidare delle ricette "sicure" che si basano su magiche formule dietetiche.

Per i più frettolosi abbiamo introdotto in questa edizione il metodo del "piatto singolo" che pur essendo meno preciso e quindi meno efficace nel breve periodo, potrà consentirvi, utilizzando i set di alimenti presenti nelle diete personalizzate, di raggiungere risultati interessanti anche se siete frettolosi e tremendamente impegnati nel lavoro o nello studio. In seguito, probabilmente, resi più determinati dai risultati ottenuti, comincerete a pesare gli alimenti ed a tentare le ricette proposte, in modo da perseguire un piano scientifico e ben determinato.

D'altra parte non tutti desiderano dimagrire! Per questo motivo abbiamo proposto diete adeguate a situazioni diverse... anche a modulare il vostro umore, tenendo presente che il cibo, come detto in apertura, non può essere considerato solo come energia. Di pari abbiamo proposto diete per ridurre le intolleranze e le allergie che sempre più spesso infastidiscono persone di ogni età.

Speriamo vivamente che le informazioni fornite sin qui vi siano di aiuto e contiamo, in futuro, di offrire altre ricette adeguate ad esigenze diverse. Speriamo, soprattutto, che gli alimenti suggeriti possano fornire buonumore e piacere, perché la dieta, al di là di ogni altro scopo, deve offrire gustosi momenti di soddisfazione. Se saremo riusciti a fare ciò allora avremo centrato il nostro obiettivo, che era quello di rivelare i "sacrifici" della dieta sotto una nuova luce.

NOTE DEL LETTORE

Mangiare Bene, Dimagrire e Conservare la Salute

di Enrique Leonard

Collana *Le Guide Pratiche*

Edizione riveduta da "Mangiare Bene per Dimagrire" (2016 ®)